"사랑하는 도현의
아름다운 삶과 미래의 세상을 위해"

괜찮은 어른이 된다는 것

말보다 행동으로, 훈계보다 배려로 보여 주는 품위 있는 삶의 태도

괜찮은 어른이 된다는 것

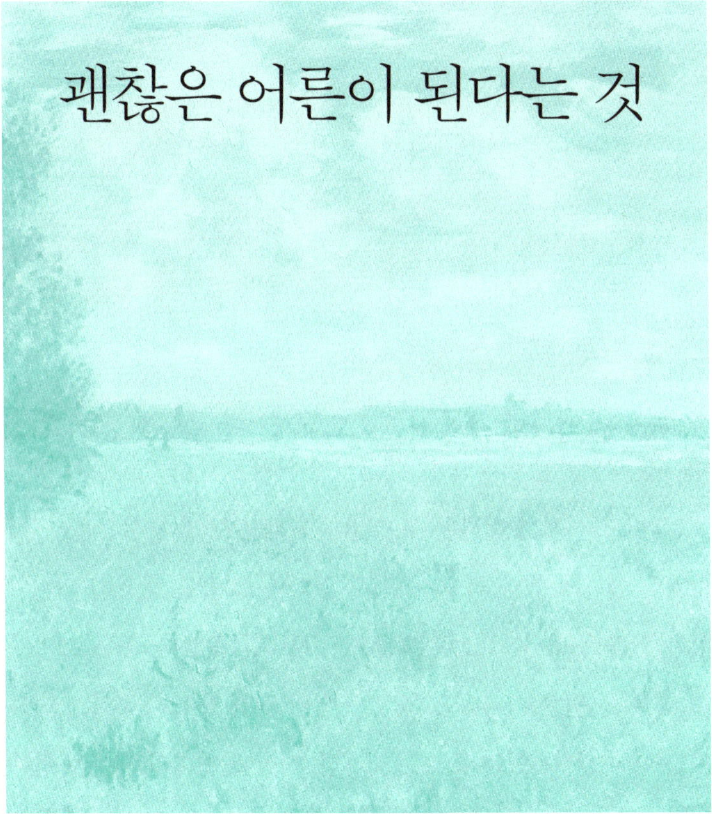

김경집 지음

프롤로그

나는 어떤 어른이 되고 싶은가?

'좋은 어른'은 어떤 어른일까? 이상적인 어른은 내가 다다르기 버겁다. 그렇다고 시시한 어른은 부끄럽다. 그래도 동시대 사람들이 '저 사람처럼 살면 좋겠다.'라고 느낄 수 있다면 그 삶은 충분히 의미와 가치가 있을 듯하다. 최소한 괜찮은 어른이면 족하다. 물론 그마저도 결코 쉬운 일은 아니다. 그래도 조금만 신경 쓰고 꾸준히 노력하면 누구나 이룰 수 있는 목표는 되겠다. 어차피 현대의 세상은 영웅이 만드는 게 아니라 깨어 있고 용기 있으며 정의에 대한 신념을 가진 시민이 만들어 간다. 그 맨 앞줄에 괜찮은 어른이 있으면 작은 힘이라도 될 것이다. 그런 어른들이 조금이라도 많아지면 세상은 좀 더 나아지지 않을까?

대한민국은 이미 초고령 사회에 진입했다. 그러나 너무 빠른 기간에 진입한 까닭에 어떻게 살아야 제대로 나이 들어가는 것인지 배우거나 고민하지 못했다. 백세 시대를 맞아 미디어에서는 온갖 정보와 상품을 쏟아 낸다. 노화를 늦추는 방법과 태도 등에 대한 정보와 지식을 담은 책도 줄을 잇는다. 실용적인 노후 대책을 다룬 책은 넘쳐 난다. 그렇다면 괜찮은 어른은 어떤 모습일까? 일단 인문적 사유와 통찰 그리고 격려와 연대의 실천을 보여 줄 수 있어야 할 것이다. 나는 인문학자의 관점으로 '나이 듦'에 대해 바라보며 내면적인 성숙함을 다루고 싶었다. 그런 어른을 '괜찮은 어른'으로 정의하고 싶다. '존경받을 만한 어른'은 그 뒤를 따르는 자연스러운 진화이다. 굳이 둘 가운데 하나를 고르라면 나는 괜찮은 어른이 되고 싶다. 존경받을 만한 어른은 부담스럽다. 굳이 거창한 의식을 내세우지 않아도 그의 삶 자체가 누군가에게 격려와 용기가 될 수 있고 다른 사람이 보기에도 저렇게 나이 들어 간다면 나이 드는 걸 두려워하지 않아도 되겠다는 느낌을 줄 수 있다면 그것으로 족하다. 그러려면 최소한 성숙한 인격과 내면을 갖추고 공동체의 시민으로서 기초적 의무를 실천하는 건 필수적이다. 그렇게 내면이 단단한 어른이라면 괜찮은 어른이지 않을까?

　우리 시대에 '어른'이 없다고 한탄하기보다 내가 먼저 좋은 어른이 되는 게 훨씬 더 빠르고 구체적이다. 그런 의미에서 나는 이번 책의 주제를 '내면이 단단한 어른'으로 삼았다. 괜찮은 어른은 내면이 단단하되 그 인식과 판단의 뿌리에서부터 역동성을 발휘하는 어른이다. '어른의 역동성'이 서로 어울리지 않는 조합이라고 생각할지 모르나 진짜 역동성은 물리적·신체적 범위에만 국한하지 않는다. 비물질적이고 내면적인 영역에도 역동성이 있다. 신체적 역동성에만 집착하기보다 정신적 역동성에 주목하면 삶이 변화한다. 그것은 더 나아가 다음 세대에게도 나이 들어가는 게 멋진 일이라는 걸 보여 주는 실증적 사례가 될 것이다. 그것은 자체로 좋은 본보기가 될 것이니 굳이 떠들어 대지 않아도 된다. 제대로 나이 들면 꽤 괜찮다는 걸 보여 줄 때가 되었다. 지금이 딱 좋을 시기이다.

시대적 환경도 무시하지 못할 것이다. 우리 세대의 특징 중 하나는 한국 사회에서 처음으로 고등학교까지 보편 교육을 받은 세대라는 점이다. 이전의 어른 세대가 식민지 교육을 받았거나 아예 보편적 고등 교육의 혜택을 받지 못해 정치적·사회적 후진성을 벗어나지 못했다면, 이 세대는 체계적 교육을 받았고 산업화에 공헌하며 그 혜택을 향유했다는 점에서 지금까지 한 번도 없었던 세대이다. 수고의 대가로 많은 혜택도 누리면서 자연스럽게 이 사회의 리더 역할을 하였고 기득권에 편입했다. 그러면서 '나이 들면 보수가 되는 법'이라며 합리화했다. 신체적으로는 쇠퇴하고 경제적으로는 위축되면서 자연스럽게 과거의 사고를 대단한 향수인 것처럼 고수하는 것을 '나이 들면 보수가 되는 법'이라며 방어하는 어른은 비겁하다. 그것은 스스로 자신의 역동성을 포기하는 것이다. 오히려 나이 들면서 더 유연하고 개방적이며 따뜻한 사람이 될 수 있는 기회를 가졌다는 점에서 나는 지금의 이 나이가 좋고 앞으로 더 좋아지기 위해 노력할 것이다. '좋은 대화'를 생산하고 교환할 수 있으면 이미 괜찮은 어른이다. 좋은 대화를 위해 좋은 생각을 하고 좋은 책을 읽으며 좋은 실천에 조금씩이라도 다가가는 괜찮은 어른이면 좋겠다. 최소한 그 점을 기억하고 나의 실천과 삶이 좋은 씨앗이 될 수 있다고 결심하면 그것으로 이미 괜찮은 어른이 될 준비는 된 셈이다. 생각을 바꾸면 삶이 바뀌고 미래가 바뀐다. 좋은 모범을 세워야 다음 세대가 더 멋진 미래를 만들어 낼 수 있다.

이 책의 기획은 김경집어른연구소의 시작과 시기적으로 일치했다. 김경집어른연구소는 거창한 게 아니라 젊은 세대의 목소리를 함께 담아 전하는 스피커의 역할을 하는 게 가장 큰 목적이다. 이 책이 만들어지는 과정에서도 우리 연구소의 크루들의 도움이 컸다. 그들에게 특별히 고마움을 전한다.

2025년 늦가을
어른의 품격을 꿈꾸며

| 차례 |

프롤로그 나는 어떤 어른이 되고 싶은가? · 4

1장 **지혜롭게 생각하는 어른이 된다는 것**

생텍쥐페리의 《어린 왕자》가 우리에게 주는 교훈 · 13
걷는다는 것은 내 삶의 순례를 만드는 일 · 17
관조하는 삶, 무위에 대하여 · 23
나이 들지 않는 대화 주제를 갖는 비결 · 30
존엄하고 주체적인 정신의 주인으로 살아라 · 35
게으른 완벽주의자들에게 전하는 조언 · 41
무업장수의 함정에서 벗어나고 싶다면 · 48
퍼레니얼 세대의 마인드셋 · 56
노인을 위한 시장은 있다 · 63
먼 미래를 내다보고 판단하는 지혜를 가져라 · 72

2장 **현명하게 관계 맺는 어른이 된다는 것**

좋은 영화나 시 한 편으로도 충분히 대화할 수 있다 · 83
책의 가치를 발견하고 보여 주는 어른이 된다는 것 · 90
중용을 갖춘 어른, 어른의 중용 · 103
공감 능력과 교감 능력은 어른의 가장 큰 자산 · 110
진정한 어른의 경쟁력은 다름 아닌 질문 · 118

아랫사람에게 묻기를 부끄러워하지 마라 · 129
노후에 기댈 곳이 없다고 슬퍼하지 말 것 · 136
아날로그와 디지털을 모두 경험한 세대의 힘 · 143
강자의 편에 서고 싶은 유혹을 거부하는 어른 · 152
빛이 아니라 별의 삶을 산다는 것 · 158

| 3장 | **존중받게 행동하는 어른이 된다는 것** |

내가 존중받는 지름길은 상대를 먼저 존중하는 것 · 167
젊은 세대를 응원하고 지원하는 어른이 된다면 · 175
왜 아이를 낳지 않느냐고 묻는 대신에 · 180
내 생각이 틀릴 수도 있다 · 191
정보의 결핍이 아니라 과잉이 문제다 · 200
나이 든다고 수구는 되지 말아야 한다 · 207
더 이상 일본을 두려워할 것도 선망할 것도 없다 · 217
건강한 역사 인식을 갖춘 어른이 되기 위해 · 228
공감과 연대의 힘을 발휘하는 어른이 아름답다 · 237
다음 세대에게 더 나은 지구를 물려줄 수 있도록 · 244
세상에 선한 영향력을 미치는 어른이 된다는 것 · 251

| 에필로그 | 진정한 어른이란 무엇인가? · 258 |

지혜롭게
생각하는

어른이
되다는 것

· 1장 ·

생텍쥐페리의 《어린 왕자》가 우리에게 주는 교훈

생텍쥐페리의 《어린 왕자》는 대한민국에서 가장 많은 이들이 읽은 고전일 것이다. 우리는 왜 이 작품에 그렇게 각별한 애정을 느낄까? 아마도 다른 고전과 달리 두껍지도 않고 내용 또한 어렵지 않게 느껴진다는 게 가장 큰 이유일 것이다. 마치 동화처럼 따뜻하고 정서적으로 풍요로운 느낌을 받는다. 또 다른 이유는 무엇일까? 아마 이 책을 처음 읽는 시기가 청소년기이기 때문일 것이다. 그때는 지금보다 훨씬 깨끗하고 맑으며 순수하고 따뜻했다. 나중에 성인이 되어서도 다시 읽는 게 부담스럽지 않다. 게다가 어른으로 살면서 세상이 힘들고 각박하다고 느낄 때 이보다 더 큰 위로를 찾는 게 쉽지 않다. 그래서인지 다시 읽을 때의 감동이 더 크다. 시간은 되돌릴 수 없지 않은가?

그렇게 시간의 비가역성에 기대어 지금의 나의 변화를 합리화하고 싶어진다.

특이한 것은 이 책이 무조건 '어린 왕자'로 번역된다는 점이다. 프랑스어petit든 영어little든 '작은'이라는 뜻과 '어린'이라는 뜻이 모두 있다. 그러나 '작은 왕자'라는 번역은 본 적이 없다. 나는 이 번역어에 주목할 필요가 있다고 본다. 생텍쥐페리도 사실 '어린'이 아니라 '작은'의 의미와 의도로 이 책을 썼을 것이다. 그런 해석의 연구서들이 꽤 많은 걸 보면 우리가 거의 예외 없이 '어린 왕자'로 번역하는 건 재고해 볼 여지가 있겠다. '어린 왕자'는 시간의 비가역성 때문에 되돌아갈 수 없다고 변명하고 합리화할 평계를 제공하지만, '작은 왕자'는 여전히 내 안에 있고 내가 만나야 할 대상이자 주체라는 점에서 차라리 '작은 왕자'로 이해하는 것이 낫다는 생각이다. '어린 왕자'라 쓰고 '작은 왕자'로 읽는 게 맞다고 하면 될까?

칠레의 위대한 시인 파블로 네루다의 마지막 시집인 《질문의 책》[1]에는 '나였던 그 아이'가 어디로 사라졌는지 궁금해하는 시구가 있다. 나는 이 시를 읽을 때마다 생텍쥐페리의 《어린 왕자》가 떠오른다. 그리고 '나였던 그 아이'가 아니라 '나인 그 아이'를 묻는 게 옳다

---

[1] 《질문의 책》, 파블로 네루다 지음, 정현종 옮김, 문학동네, 2013.

고 본다. '나였던 그 아이'는 과거의 나이며, 내가 꿈꿨던 이상을 품었던 그 아이이다. 그 아이가 지금 내 안에 있는지를 묻는 건 '나인 그 아이'를 묻는 것이고, 동시에 '나인 그 아이'가 묻는 것이다. 삶은 '나였던 그 아이'가 '나인 그 아이'로 성장하는 과정이다. '나였던 그 아이'가 '꿈, 이상, 자아' 등을 의미한다면 지금의 그 아이, '나인 그 아이'는 과연 어떤 꿈과 이상을 품고 있으며 어떤 자아를 구축하고 있는지 묻는 것이다. 그래서인지 이 시를 읽을 때마다 나는 이 시의 의미를 가장 잘 이해할 수 있는, 그리고 이해해야 하는 사람이 바로 나이 든 세대라는 생각이 든다.

  우리도 한때 꿈과 이상을 품었다. 개인적인 소망일 수도 있고 사회적인 가치일 수도 있다. 지난날 얼마나 치열하게 살았는가? 그러다 보니 '나인 그 아이'는커녕 '나였던 그 아이'도 찾아볼 여유가 없었다. 배울 만큼 배웠고 역동적으로 살았으며 노후의 삶에 대해서도 부모 세대에 비하면 큰 결실을 누릴 수 있었다. 그렇기에 이전에는 늘 시간이 없다고 핑계를 댔다. 흔히 '동심'이라는 말에 우리는 쉽게 감동한다. 그건 내게서 그 동심이 사라졌기 때문이며 사라진 동심을 상기할 수 있는 계기가 고맙고 애틋하기 때문이다. 그러나 동심은 '잃은' 것이 아니라 '잊은' 것이다. 대부분 우리는 그게 소중하다는 걸 안다. 물론 그 동심 자체보다는 그런 마음을 지니고 있던 '시간' 즉 '그 시절의 나이'를 그리워하는 것이지만 말이다.

'나였던 그 아이'가 지녔던 꿈은 무엇일까? 그것은 이상일 수도 있고 세계관일 수 있으며 자아의 실현이었을 수도 있다. 이상은 현실과 너무나 다르고 이루기에는 너무 어렵다. 그러나 그 이상이 있어서 우리는 삶의 좌표를 잡을 수 있었고 바라던 방향으로 나아갈 수 있었다. 그마저 없었다면 그냥 주어지는 대로 살았다는 부끄러운 고백이나 다름없다. 이제 이 나이가 되어서야 '나인 그 아이'를 확인하고 '나였던 그 아이'와 만남으로써 남은 삶에서 그 이상을 조금이라도 실현해 볼 수 있는 기회를 갖게 되었다. 생텍쥐페리의 작품이 우리에게 던지는 메시지는 바로 그것이다. 이제 차분히 정말 내가 꿈꿨던 이상의 한 귀퉁이라도 차근차근 실현해 볼 수 있는 시간이다. 더 이상 현실이라는 방해물에 넘어지지 않고 의연하게 한 걸음씩 나아갈 수 있는 시간이다. 그래서 나는 다시 이 책을 차분히 읽는다. 나를, 나였던 그 아이를 만나기 위해, 나인 그 아이를 발견하고 해후하기 위해서 말이다.

동심은 잃는 것이 아니라 잊은 것이다. 진정한 어른은 '나였던 그 아이'를 찾아낼 수 있다. '나인 그 아이'가 작은 꿈을 꾸며 '나일 그 아이'와 함께 마무리하는 삶은 얼마나 아름다울까!

걷는다는 것은
내 삶의 순례를 만드는 일

다비드 르 브르통은 《걷기예찬》[2]에서 이렇게 말한다. "걷는 것은 자신을 세계로 열어 놓는 것이다. 발로, 다리로, 몸으로 걸으면서 인간은 자신의 실존에 대한 행복한 감정을 되찾는다." 이런 말도 했다. "걷는다는 것은 잠시 동안 혹은 오랫동안 자신의 몸으로 사는 것이다."

걷는 것만큼 즐겁고 상쾌하며 돈 들지 않고 건강에 좋은 것도 드물다. 요즘은 걷기 좋은 길도 많이 생겼다. 거의 모든 마을의 강물이나 냇가에는 사시사철 아름다운 꽃과 나무가 어우러지는 산책로가

---

2 《걷기예찬》, 다비드 르 브르통 지음, 김화영 옮김, 현대문학, 2002.

있고, 도시 근교의 산에는 어김없이 둘레 길이 있다. 최근에는 어지간한 규모의 도시마다 호수 공원이 있어서 평일에도 시민들로 가득하다. 그런 곳에서의 걷기는 대부분 운동을 위한, 운동을 겸한 걷기인 듯하다.

그러나 걷기는 단순히 운동의 효과만 있는 게 아니다. 걸으면서 숨을 가다듬고 내 몸의 모든 감각을 깨우며 차분하게 생각하는 힘을 얻을 수 있다. 뛰는 것은 목적이 분명하다. 목표점을 향해 최단 시간에 도달하는 것이다. 그래서 오로지 목표점에 모든 정신을 집중한다. 뛰면서는 다른 생각을 하기가 어렵다. 목적이 앞서기 때문이다. 그러나 걷다 보면 생각의 갈래와 가지가 무한히 뻗어 나간다. 특별한 목적에 이끌리는 게 아니라 이 생각에서 저 생각으로 자유롭게 넘나들며 때론 그 자체가 하나의 묵상이 되기도 하고 온갖 상상의 창공이 되기도 한다. 그래서 브르통은 "걷기는 세계를 느끼는 관능에로의 초대다."라고 말했는지 모른다. 걷는다는 건 세계를 경험하는 동시에 그 경험의 주체인 나를 확실하게 느끼는 일이다. 이처럼 삶에서 스스로 주도권을 쥐는 일이 일상에서 얼마나 될까?

삶에 가속이 필요한 때가 있다. 비행기가 땅에서 이륙하려면 엄청난 속도가 필요하듯이 우리가 어떤 '일'을 할 때도 필요한 힘과 속도가 있고 삶에서도 그렇다. 특히 우리 세대는 '일상이 가속'인 세상을 살아왔다. 그래서 멈추는 법을 배우지 못했다. 이제는 속도를 낮추고 일상의 속도를 회복할 때다. 이를 회복하는 데에 걷기는 안성맞춤이다. 가속을 버리고 안정적인 속도를 회복할 때 우리는 시간의 하나뿐인 주인이 된다.

나는 50대 중반에 히말라야의 안나푸르나 서킷에서 그걸 느꼈다. 베이스캠프 격인 베시사하르를 떠나 며칠 동안은 걸을 만했다. 그러나 마낭을 지나면서 걷는 속도가 현저히 떨어졌다. 3,000미터를 넘는 순간 주변의 나무는 빠르게 줄어들고 눈을 들어보면 그 위로 설산이 손에 잡힐 듯했다. 예민한 사람은 그 정도 고도에서부터 고산 증세를 느낀다. 나는 하루에 하나의 주제를 골라 걸으면서 생각에 집중하기로 했다. 가장 높은 곳의 숙소는 5,100미터에 있었는데 잘 때 숨을 쉴 수 없어서 도저히 잘 수가 없을 정도였다. 마지막으로 가장 힘든 코스이자 가장 높은 곳인 약 5,400미터의 쏘롱라 고개까지 가는 동안은 아예 생각 자체가 불가능했다. 한 걸음 옮길 때마다 숨이 차고 몸은 천근만근 무겁기만 해서 걷는 시간보다 쉬는 시간이 더 길었다. 나로서는 거의 극한의 상황이었다. 다행히 그 고비를 넘기고 내려가는 길은 여전히 고지대인데도 숨이 덜 가쁘고 걸음도 덜 무거웠다. 그러면서 다시 생각도 되돌아왔다. 그냥 걸을 수 있다는 게 신기했다. 오스트레일리안 캠프를 거쳐 목적지인 포카라까지 오는 길은 낙원 같았다. 천천히 몸을 느끼고 생각을 다듬으며 걸을 수 있다는 게 축복이라는 걸 확연하게 깨달았던 여정이었다. 충분히 산소를 들이마

시며 천천히 걷는 것, 말 그대로 완보완심(緩步緩心)하며 자유롭게 생각하고 그 생각을 다듬어 보면서 걷는 것이야말로 행복한 일이다. 그래서 브르통은 "걷기는 사물들의 본래 의미와 가치를 새로이 일깨워 주는 인식의 한 방식이며 세상만사의 제맛을 되찾아 즐기기 위한 보람 있는 우회적 수단이다."라고 단언했을 것이다.

나는《걷기예찬》을 읽을 때마다, 특히 나이 든 이들에게 걷기 전에 이 책을 꼭 읽어 보라고 권하고 싶다는 생각을 한다. 지금 우리에게 필요한 건 '걷기'이다. 걸을 때는 나의 모든 몸의 감각을 다 열어 놓는다. 생각해야 한다는 강박조차 다 내려놓는다. 내가 걸어가면서 만나는 모든 자연과 사물을 최대한 감각하기 위해 다른 생각은 접어 둔다. 마치 잃어버린 길을 찾는 사람처럼 말이다. "길 잃은 사람에게 가로의 이름들은 삐걱대는 마른 나뭇가지의 목소리처럼 말을 걸어 와야 하고 도시의 작은 골목들은 산 밑의 골짜기 못지않게 지금이 몇 시쯤 되었는지 암시해 주지 않으면 안 된다."[3]라는 발터 벤야민의 말을 소환해 보면, 내가 먼저 말을 걸면 되고, 암시된 시간을 불러 내며 해석해 볼 수 있으면 된다. 그건 바쁘거나 특정한 목적을 가진 사람에게는 불가능한 사치이다. 젊을 때는 누구나 그렇다. 그러나 이제는

---

3 《일방통행로》, 발터 벤야민 지음, 조형준 옮김, 새물결, 2007.

천천히 걸으면서 최대한 느끼고 생각하고 해석할 수 있는 나이가 되지 않았는가?

걷기의 최대 핵심은 바로 '나'를 만나는 일이다. 많은 이들이 산티아고 순례길을 동경한다. 과감하게 휴가를 내어 행동으로 옮기는 이들도 있다. 길고 무료한 길에서 무엇을 느낄까? 하루이틀은 낯선 풍경에 설렐 테지만, 가도 가도 끝이 없고 비슷한 풍경이 반복되면 금세 지친다. 너덜너덜해진 몸을 이끌고 끝내 산티아고 대성당에 도착할 희망이 전부일까? 물론 그 목적이 사라지지는 않는다. 그러나 어느 순간 나는 걷는 게 아니라 생각하고 있으며 기도하고 있다는 걸 발견한다. 경치에 취하면 본질을 보지 못한다. 그래서 이반 일리치의 평생의 동료이자 최고의 도반이었던 리 호이나키는 《산티아고, 거룩한 바보들의 길》[4]에서 "길바닥에 아무렇게나 널려 있는 돌들을 밟으면서, 쏟아지는 빗방울을 맨몸으로 맞으면서, 질척이는 진창길의 진흙이 신발에 달라붙어 발걸음을 옮기기가 어려울 때" 오히려 자연과 교감할 수 있었으며 자신과 대화할 수 있었다고 고백한다. 그 교감은 바로 묻고 대답하는 것이다. 그걸 일상의 걷기에 적용해도 동일하다. 나는 걸으면서 꾸준히 묻고 대답하며 새로운 생각으로 가지를 뻗는

---

4 《산티아고, 거룩한 바보들의 길》, 리 호이나키 지음, 김병순 옮김, 달팽이출판, 2010.

다. 그러면 그 순간 나는 순례자가 된다. 산티아고 순례길에서만 그게 가능한 게 아니다. 일상에서의 순례자가 되지 못하면 외지에서의 순례는 본질을 상실하기 쉽다. 거창한 순례가 아니라 매일매일 걸으면서 내 삶의 순례를 정리하고 정돈하는 시간을 갖는 것 자체가 내 삶에 대한 예의이며 권리이다.

걷기는 나를 만나는 행위이다. 많이 오래 걷는다고 다 좋은 건 아니다. 나의 몸을 느끼고 세상과 교감하며 나의 정신을 다듬는 농밀한 대화야말로 걷기가 주는 선물이다. 가속보다 정속으로, 때론 완보완심(緩步緩心)으로 걷는 즐거움을 만끽하라.

관조하는 삶, 무위에 대하여

사전적 의미로 관조는 '고요한 마음으로 사물이나 현상을 관찰하거나 비추어 봄'으로 정의된다. 불교에서는 '참된 지혜의 힘으로 사물이나 이치를 통찰함'을 의미한다. 독일에서 활동하는 철학자 한병철은 《관조하는 삶》[5]에서 성취 욕망에 익숙해진 현대인에게 진정 필요한 삶의 태도가 무엇인지에 대해 언급하면서, 이제는 현대 사회에서 거의 잊힌 덕목인 '무위'와 '관조'의 삶을 내세워 무언가를 더 해야만 한다는 강박에서 벗어나 의도와 목적을 띤 활동을 멈추고(무위), 그

---

[5] 《관조하는 삶》, 한병철 지음, 전대호 옮김, 김영사, 2024.

순간 마법처럼 드러나는 세계의 참모습을 바라봐야(관조) 한다고 주장한다.

얼핏 그의 말은 현실과 너무 동떨어진 것처럼 보일지도 모른다. 일상이 경쟁인 사회에서 '무위하는 삶'이나 '관조하는 쉼'을 갖는다는 게 가능키나 한 일인가? 결국 우리는 한 번도 무위의 삶을 살아 보지 못하고 마감하는 것일까? 물론 한병철은 상업화하는 자본주의 체제에 저항하는 것만으로도 창조적인 무위가 가능하다며 인간적인 것을 구성하는 중요한 요소로서의 무위로 삶을 회복할 것을 제안한다. 그는 "무위는 일종의 창조적인 세계로 넘어가는 문턱"이라고 말한다. 주어진 목적과 목표에 따라 똑같은 것들을 반복 재생할 뿐인 삶에 저항하는 것만으로도 이미 우리는 무위와 관조의 영역에 들어선다. 결국 무위란 목적이나 규칙에 휘둘리지 않는 행위라는 점에서 그냥 단순히 손 놓고 아무것도 하지 않으면서 무위도식하라는 것이 아니라, 반복적 삶을 규정해 온 틀을 깨뜨리라는 제안이다. 그 틀을 깨뜨릴 수 있을 때 우리는 창조적인 세계로 진입할 수 있다. 창조적인 세계라는 게 별 게 아니다. 지금까지 경험하지 않았거나 생산하지 못했던 삶을 사유하고 고민하면서 새로운 영역의 '문턱'을 넘어가는 순간 가능하다.

한병철의 제안이 너무 추상적이거나 사변적으로 느껴질지도 모른다. 그러나 그가 말하는 핵심은 지금까지 나의 삶을 이끌어 온 목적과 효용의 지표를 일단 내려놓으라는 것이다. 솔직히 그의 제안은 청년에게는 어울리지 않는다. 아무리 가치관으로는 이해하고 수용한다 하더라도 그것을 구체적인 내 삶의 좌표나 지침으로 삼는 건 무리라서 관념적 이해와 수용의 범위를 벗어나기 어렵다. 그런 점에서 한병철이 말하는 무위와 관조는 나이 든 세대에게는 충분히 가능한 일이다. 너무 거창하게 생각할 것도 아니다. 지금까지 나를 이끌어 온 힘, 흔히 말하는 '목적이 이끄는 삶'은 무엇이었는가? 권력, 돈, 명예 등 다양할 것이다. 그것을 손에 쥐기 위해 목숨 빼고 무엇이든 내놓지 않았는가? 그렇다고 그걸 다 얻은 것도 아니다. 그래서 여전히 아쉽고 언젠가는 내게 그런 기회가 다시 올지도 모른다며, 마치 로또 당첨을 꿈꾸는 것처럼 막연하게 기대하기도 한다. 그러나 그게 다시 올 일도 거의 없거니와 설령 온다 하더라도 순간의 행복에 불과하다는 것을 곧 깨닫게 된다. 그러니 굳이 거기에 여전히 매달릴 건 없다. 나이 들어 얻게 되는 지혜가 그것을 일깨운다.

    우리의 젊은 날을 지배했던 것은 성취에 대한 강한 욕망과 인스턴트식 도취였다. 그러면서 더 큰 자극을 갈망했다. 그래서 무언가를 더 해야 한다는 강박에 스스로를 가뒀다. 성과 사회의 잔인한 경쟁에 내몰린 우리는 모두 그렇게 살았다. 많은 사람과 교류하고 있다고 착각하지만 정작 그것은 자신의 존재 결핍을 메우기 위해 더 바쁘게 살고, 더 열심히 소비하며 사는 삶에 불과했다. 그렇게 우리는 고립과 외로움 속에서 절대적인 존재 결핍을 겪는다. 그걸 감당하지 못하니 자꾸만 더 열심히 소비하며 여가마저 정신없는 놀이와 빡빡한 일정으로 채운다. 전투적인 삶의 방식이다. 그러나 거기에 진정한 나는 없다. 한병철이 말하는 무위는 일차적으로 그렇게 쳇바퀴처럼 행위하는 삶을 버리고 진정한 행복과 안식을 추구하라는 것이다. 아무것도 하지 않겠다는 소극적인 의미의 무위가 아니라 굳이 하지 않아도 될 일은 하지 않는, 그런 개념이 일차적 무위의 의미이다. 그는 이렇게 말한다. "모든 것이 단기적이고, 호흡이 짧고, 근시안적으로 되어 버린 이 서두름의 시대에 무위는 희귀하다. 오늘날 모든 곳에서 관철되는 것은 소비주의적 삶꼴이다. 그 삶꼴 안에서 우리는 모든 욕구를 즉각 충족시킨다. 우리는 기다릴 끈기가 없다. 그 끈기 안에서 무언가가 천천히 익어 갈 수 있을 텐데 말이다."

불필요한 소비를 줄이는 것은 나이 든 세대에게 특히 중요할 뿐 아니라 이제는 해 볼 만한 일이다. 소비를 통해 자신을 드러내는 건 고상한 일도 아니거니와 그런 소비를 위해서는 과도한 수입을 추구할 수밖에 없다. 나이 들어서까지 그런 수입과 소비의 반복을 거듭할 건 없다. 그러니 나이 든 세대는 무위의 삶을 실천할 수 있는 기회를 갖고 있다. 그것이 실현되면 그다음에 비로소 관조가 가능하다. 관조는 그냥 아무 생각 없이 멍 때리는 것이 아니고 새로운 것을 탐하며 그것을 손에 쥐기 위해 아등바등 사는 것도 아니다. 탐욕을 벗고 소박한 삶에서 삶의 본질에 대해 차분히 성찰하는 것으로 충분하다. 한병철은 다음과 같이 말한다. "관조하는 삶이 비로소 신적인 자족을, 완전한 행복을 약속한다. 역사는 행위하기가 완전히 밀려나고 바라보기가 그 자리를 차지하는 순간에, 곧 무위의 안식일에 완성된다."

어른의 지혜는 바로 이러한 관조의 삶에서 발현된다. 현명하되 겸손하며 삶의 본질을 통찰하고 관조하는 어른의 모습은 아름답다. 무위와 관조가 체념은 결코 아니다. 체념의 사전적 의미는 '품었던 생각이나 기대, 희망 등을 아주 버리고 더 이상 기대하지 않는 것'이다. 체념은 심리학적으로 보자면 일종의 자기 보호로서의 기제이다. 의사이자 문화인류학자인 김관욱은《몸, 살아 내고 말하고 저항하는 몸들의 인류학》[6]에서 인간의 몸이 발명해 낸 질환으로 '체념 증후군'을 소개한다. 이 증상은 몸이 너무나 고통스러운 일에 대해서는 극복하려 하기보다 고통을 감수하려는 현상을 말한다. 김관욱은 이 개념을 소개하면서, 전 세계적으로 체념 증후군이 처음 공식 보고된 시기는 2005년이라며 2003년부터 2005년까지 424건의 사례가 보고되었고 이후 수백 건이 추가되었다고 한다. 남자 어린이보다 여자 어린이가 더 많았는데 2015년부터 2016년 사이에 스웨덴에서만 체념 증

---

[6] 《몸, 살아 내고 말하고 저항하는 몸들의 인류학》, 김관욱 지음, 현암사, 2024.

후군 환자가 169명 발생했다고 한다. 왜 스웨덴에서 그런 사례가 급증했을까? 그들은 대부분 스웨덴의 여러 도시에 거주하던 난민 가족의 자녀들이었으며 결정적으로 스웨덴 정부로부터 망명을 거부당했다. 그들은 무작정 잠을 잤다. 치료책도 없었다. 그러던 아이들이 잠에서 깨어났는데 의학적 치료에 의해서가 아니라 스웨덴 정부에서 최종적으로 난민 신청이 승인된 결과였다. 이를 통해 체념 증후군은 죽음에 맞서는 일종의 몸의 반응으로 연구되었다.

청년의 체념은 위험하다. 희망을 발견하지 못하고 자신의 삶에서 주체가 되지 못한다고 인식하는 체념은 결국 자기 부정으로 귀결되며 삶의 역동성을 스스로 제거한다. 청년에게 체념은 어울리지 않지만 현실은 그들로 하여금 체념을 강요한다. 청년이 체념하지 않는 사회 환경을 만들기 위해서는 어른의 도움이 필요하다. 그렇다면 나이 든 세대는 어떤가? 살 만큼 살았다고 여기며 특별히 새로운 희망을 갖고 어떤 일을 도모하는 것을 꺼리는 경우가 많다. 아직 체념은 아니지만 서서히 그런 경향에 익숙해지면서 나도 모르게 체념의 영역에 진입하는 것 같다. 나이 들었다고 쉽게 포기하거나 마음에 들지 않지만 받아들이거나 대충 맞춰 사는 건 아니다. 체념 또한 나이 든 세대의 몫이 아니다. 체념과 관조를 구별하지 못하면 적당히 체념하면서 관조라고 합리화한다. 그것도 인지 부조화의 일종이다.

그렇다고 무턱대고 열정만 외치는 건 시답지 않다. 삶의 열정을 잃으면 안 되지만 과한 열정은 과욕을 초래하기 쉽다. 우리의 열정은 에너지 펄펄 끓던 청년의 열정이 아니라 쉽게 노하거나 삐치지 않으면서 거를 건 거르고 담을 것만 넉넉히 관용하는 지혜로운 열정이 알맞다. 그래서 어른에게는 관조가 필요한 듯하다. 무관심, 무신경, 무기력이 아니라 옳고 그름을 분별하며 해야 할 일과 하지 말아야 할 일을 명확히 구분하고 그릇된 건 타이르고 해야 할 일은 함께 연대하며 응원하는, 지혜로운 관조이다. 그게 나잇값 하는 일이다. 지나치지도 모자라지도 않게 판단하고 행동하는 관조는 그걸 가능하게 해 준다. 적어도 청년들에게 걸림돌이 아니라 디딤돌은 될 수 있는 어른이 된다면 좋겠다. 갈수록 고령화되는 사회에 대한 걱정에 윗돌 얹는 게 아니라 "저런 어른들이 있어 든든하고 배울 게 많다."라는 말을 들을 수 있으면 좋겠다. 관조할 수 있는 어른, 일단 그것만으로도 충분하다.

사소한 것에 매달려 옹색해지는 것이 아니라 관조를 통해 길어 올린 너그럽고 풍요로운 판단력을 가진 어른의 역할은 결코 가볍지 않다. 한편 체념을 학습하는 것보다 위험한 것은 없다. 그것은 청년 세대에게도 나이 든 세대에게도 마찬가지이다.

나이 들지 않는 대화 주제를 갖는 비결

한 달에 한 번씩 고등학교 동창들과 모여 함께 서울 근교의 낮은 산에 오른다. 동창들을 만나면 다시 예전으로 돌아간 듯하지만, 어느새 다들 60세를 훌쩍 넘었다. 살아온 방식도 제각각 다르니 생각의 방식도 다르다. 친구들을 보면서 나이 들었다고 느끼는 건 사실 외모가 아니라 대화 주제다. 어떤 이야기로 시작하든 금세 건강 이야기가 주를 이룬다. 심혈관 질환을 조심해야 한다거나 혈당 관리를 위해서는 어떤 음식을 피해야 한다는 따위의 이야기가 오간다. 그러다가 질병에 관한 심란한 화제가 불편해지면 곧바로 먹는 주제로 옮겨 간다. 먹고 싶은 음식과 가고 싶은 장소에 대한 욕망이 난무한다. 경제적으로 힘들어 죽겠다는 하소연은 애써 참는 기색도 언뜻 있다. 그러나 그 문제를 심각한 화제로 꺼내지는 않는다. 하지만 시간이 지나면서 그 어려움을 실감하게 될 것은 모두가 속으로 느낀다.

병에 대한 이야기가 많은 것은 그만큼 나이가 들어 자신이 경험하게 되는 현실 때문일 것이다. 아픈 거 좋아하는 사람이 어디 있을까? 다행히 예전처럼 치명적인 질병을 말기에 발견하는 경우는 드물고 꾸준한 건강 검진 과정에서 발견되는 경우가 많아서 초기 질병과 만나는 게 행운이라면 행운이다. 가기 싫은 병원에 꼬박꼬박 다니고 지속적으로 약을 복용하게 되면서 자신의 건강이 예전만 못하다는 걸 실감한다. 늙어서 병치레에 대한 걱정이 느는 건 인지상정이다. 그러나 냉정히 따지고 보면 그걸 온갖 궁리하면서 쓸데없는 정보에까지 모든 눈과 귀를 열어 두고 과민한 것은 그리 도움이 되지 않는 듯하다. 온갖 SNS에 개인적 경험과 소견을 쏟아 내는 정보가 과잉일 지경이다. 오히려 그걸 잘 걸러 내고 냉정하게 분석할 수 있는 판단력이 필요하다. 옛말에 병은 소문을 내야 한다고 했다. 그러나 그건 의학에 대한 정보 접근성이 떨어졌을 때의 이야기다. 물론 누군가 더 좋은 의사와 병원을 소개하는 것도 여전히 유효하다는 점에서 그 말이 전혀 틀린 말은 아니지만 특별한 경우가 아니라면 크게 차이가 나는 것도 아니다. 자신의 주치의 말에 귀 기울이고 궁금한 게 있으면 그 의사와 묻고 상의하여 적절한 대응을 처방받는 게 훨씬 유효하다. 그런데도 여전히 심리적으로 불안하니 만나면 십중팔구 타인이 전하는 이야기에 쉽게 쓸려 간다. 과잉 정보 때문에 더 불안해지는 걸 전혀 모르는 것도 아니면서 여전히 그런 태도를 버리지 못한다. 더도 덜도 말고 딱 과유불급이다. 여전히 먹는 일에 관심이 많은 걸 보면 가끔은 놀랍기도 하다. 건강에도 좋고 가장 확실하며 직관적으로 행복을 느낄 수 있는 것이니 더 그럴 것이다. 그러니 맛집 이야기가 시작되면 끝을 모른다. 하기야 그마저도 욕구하지 못할 정도이면 삶은 이미 비참한 지경에 돌입한 것일 테니 지금의 그런 장광설이 차라리 살가운 건지도 모른다. 어쨌거나 음식 이야기, 병 이야기 빠지면 무슨 이야기를 하게 될지 궁금할 지경이다.

    서로 취향이 다른 탓이기는 하겠지만 좋은 책을 읽은 소감이나 전시회, 음악회 이야기가 나온 적은 별로 없다. 유튜브를 비롯한 여러 SNS 매체에서 주워들은 거 전하는 게 훨씬 더 많다. 물론 거기에도 좋은 정보가 많아서 공유하면 도움이 되는 것도 사실이다. 그러나 가끔이라도 책, 음악, 영화, 미술 이야기쯤은 했으면 좋겠다. 처음부터 그러기는 쉽지 않을 것이다. 그동안 그런 이야기를 한 적이 별로 없으니 그럴 수도 있다. 그래서 만나면 그런 화제를 반드시 하나 이상 대화로 삼기로 하는 일종의 약조 같은 걸 맺는 것도 한 방법이 될 듯하다.

    예전처럼 자녀들이 일찌감치 결혼하는 일이 흔하지 않기는 하지만 우리 나이쯤 되면 그래도 자녀 혼사를 치르고 예쁜 손녀와 손자가 생겨 사진 보여 주며 자랑하는 일도 애교로 봐줄 수 있다. 얼마나 예쁘겠는가? 그렇지만 그 아이들이 앞으로 살아갈 세상에 대해 걱정하면서 한 뼘이라도 더 나은 세상을 만들 걱정하는 건 별로 보지 못했다. 앞으로 그 아이들이 살아갈 세상을 위해 우리가 할 수 있는 최선의 방책이 무엇인지에 대해 이야기를 나눌 수 있으면 더 좋을 것이다. 장군으로 퇴역하여 부지런히 봉사 활동하는 친구, 뛰어난 신경외과 교수이면서 여러 해 동안 빠짐없이 어려운 나라에 찾아가 의료 봉사해 온 친구의 이야기를 듣는 건 그 자체로 자극이고 행복이며 감사함이다. 그런 이야기를 나눌 수 있다는 것만으로도 내 삶까지 유의미해지는 느낌이다. 그런 이야기도 하면서 건강이나 먹는 걸 화제로 삼으면 얼마나 생산적일까?

살아오면서 겪어 보니 60세를 넘긴다고 급격하게 건강이 악화되는 건 아니다. 아직은 적당한 운동과 섭생을 유지하면 생활하는 데에 거의 지장을 느끼지 않는다. 개인적으로 느끼는 변화는 경사지에 오를 때 이전보다 숨이 가쁘고 다리에 피곤과 통증을 예전보다 많이 느끼는 정도인데 조심은 하지만 온통 거기에만 집중해서 극도로 과민하게 대처하지는 않는다. 음식 적당히 가리고 꾸준히 조금씩이라도 운동하면서 관리하면 족하다.

갈수록 좋은 신약들이 개발되어 어지간한 병은 치료 가능하고 예방할 수 있는 수단이 많아졌다. 그것만으로도 행운이다. 그런데 뜻밖에도 이런 약에 대한 고마움이 지나쳐서 과신하고 거기에만 기대는 경우도 없지 않다. 좋은 약과 더불어 적절한 운동과 좋은 생각을 키우는 것이 따라야 할 것이다. 어느 하나만 갖춰서 해결할 문제가 아니다. 방치하는 것은 위험하지만 과신하고 거기에만 매달리는 것도 불필요한 에너지 낭비이며 슬기로운 건 아니다.

한정된 화제에만 갇혀 있지 않고 세상과 삶 그리고 사람에 대한 유연하고 자유로운 주제를 즐겁게 다룰 수 있는 어른이라면 그 자체로 아름답지 않은가? 이제라도 조금씩 바꿔 보자.

몸 건강은 중요하다. 그보다 더 중요한 건 없다. 그러나 그게 전부인 양 매달리는 것도 그리 좋아 보이지는 않는다. 몸 건강만큼 정신도 건강하고 마음 씀씀이도 넉넉한 어른이 행복한 어른이다.

존엄하고 주체적인 정신의

주인으로 살아라

친구들끼리 모여 식사를 마치면 주섬주섬 주머니에서 약봉지를 꺼내는 모습이 낯설지 않다. 10년 전까지는 주로 영양제를 먹었다면 이제는 대부분 이런저런 병이 악화되는 걸 막기 위해 병원에서 처방 받은 약을 먹는다. 때론 한 움큼씩 먹는 경우도 있다. 세월 이기는 장사는 없다. 이 나이에 이르기까지 병원 드나들지 않았다면 그 자체로 행운이다.

    누구나 병원에 가기 꺼린다. 직장에서 강제로 요구하지 않았다면 1~2년 간격의 정기 건강 검진을 꼬박꼬박 챙기지는 않았을 것이다. 연식이 되면 자동차도 여기저기 손볼 곳이 생기는 것처럼 사람의 몸도 손상되고 때론 부품을 갈아 끼워야 할 정도로 심각한 지경에 이를 수 있다. 나 역시도 50대 후반에 갑자기 찾아온 급성심근경색으로 응급실에 실려 가 시술을 받으면서 그동안 몰랐던 당뇨병과 신장 이상을 발견하고 계속해서 병원에서 진료하고 약 처방 받는 게 일상사가 되었다. 좋게 말하자면 이제라도 발견하여 예방하고 병의 진행을 완화할 수 있는 기회를 얻었다고 볼 수도 있다. 그러나 확실히 예전처럼 활기차게 활동하지 못하는 게 못내 아쉬운 건 사실이다.

다른 친구들도 정도의 차이만 있을 뿐 이젠 다 예전 같지 않은 듯하다. 분명히 오래 사는 건 축복이다. 그러나 마냥 오래 산다고 좋은 것만은 아니다. 평균 기대 수명이 80세를 넘긴 지 오래지만 속을 들여다보면 뜨끔하다. 통계에 따라 다르지만 평균적으로 은퇴 후 7~12년 동안 병원 신세를 진다고 한다. 말이 좋아 병원 신세이지 그 안에는 가족들이 감당하기 어려워 어쩔 수 없이 요양원에 가야 하는 경우를 포함해서 병원에 정기적으로 입원해 치료해야 할 만큼 위중한 병으로 시달려야 하는 기간을 무시하지 못할 것이다. 독일의 요양 병원은 누워 들어가서 서서 나온다고 하지만 우리의 현실은 그와는 정반대이다. 살아도 산 게 아니다. 존엄은커녕 기초적인 삶의 질조차 포기하고 그냥 목숨줄만 이어 놓을 뿐이다. 그렇다고 안락사나 자발적 존엄사를 허용하는 사회도 아니다. 고작해야 자발적으로 연명 치료를 거부하는 것이 유일한 선택일 뿐이다.

그렇다면 지금 내가 선택할 수 있는 현실적인 해결책은 무엇일까? 물론 건강 열심히 챙겨서 오래 건강하게 사는 것이지만 그게 마음먹는 대로 되는 건 아니다. 지금은 아무 문제 없어 보이고 큰 병 없어 안심하기도 하겠지만 이미 우리의 몸에 이런저런 요인들이 누적되었다는 걸 부인하지 못한다. 어디에 문제가 있는지 어떤 불안 요소가 암약하고 있는지 모를 뿐이다. 남은 시간 어떤 삶을 살면 좋을까 생각해 본다. 지금까지 살아온 삶에 보람도 있고 회한도 있다. 어찌 좋은 것만 혹은 나쁜 것만 있겠는가? 그래도 기본적으로 나와 내 가족을 위해 살았고 그런 점에서는 이기적으로 살았다. 그건 부끄러운 게 아니다. 본능이고 의무이기도 하다. 남은 삶도 그럴까? 별생각 없으면 그렇게 될 것이다. 그러나 남은 시간, 흔히 '여생'이라고 말하는 그 시간은 덜 이기적으로 살고 싶다. 몸은 시간이 흐름에 따라 더 쇠약해지고 무기력해지겠지만 정신은 더 자유롭다. 기본적인 생존 의무를 제외하곤 남은 시간 동안 최대한 자신의 의지에 따라 누릴 수 있다. 그런데 정작 내가 통제하고 자율화할 수 있는 정신은 다듬지 않으면서 내 의지와 상관없이 쇠락해 가는 신체에만 매달리는 건 이율배반적이고 어리석은 행동이 아닐 수 없다.

몸의 건강도 중요하고 좋지만, 거기에만 매달리고 싶지는 않다. 아흔 살 넘어 백 살까지 산들 정신이 오락가락하고 근육조차 제 의지에 따라 움직이지 못하며 살거나 연명 치료에 의존하는 삶은 원치 않는다. 치매에만 걸리지 않기를 바랄 뿐 일흔 중반쯤 삶을 마감한들 조금의 미련도 갖지 않을 것이다. 그렇다고 힘들어도 오래 사는 사람들을 폄훼할 생각은 조금도 없다. 다만 나는 최대한 정신적으로나마 존엄하고 주체적으로 살고 싶다. 물론 죽는 순간까지 주체적으로 살기 위해 부지런히 운동하고 약 복용도 게을리하지는 않겠지만 전적으로 의료 행위에만 기댈 생각은 없다.

아침에 일어나면 책상 위에 놓인《정목스님의 아침 편지 365 일력》[7]을 넘겨 짧은 문장을 접하면서 하루의 정신을 다듬는다. 예를 들어 6월 23일의 문구는 이렇다. "누군가를 이해하는 것은 새로운 우주를 마주하는 일입니다." 그 문장을 대하면서 혹여 내가 오해하며 살아온 사람이 있을까 살펴본다. 사소한 일에서 엇갈린 시각과 감정이 엉뚱한 오해를 초래하는 일들이 얼마나 많은가. 그냥 살다 스치며 지난 사람이라면 모를까 좋든 싫든 나와의 관계를 유지하는 사람 가운데도 분명 있을 것이다. 오해로 어그러진 관계만 그럴까? 그냥 크게 관심을 두지 않고 지내 온 상대에 대해서도 관심을 갖고 이해의 마음으로 재해석해 보면 그 사람이 다르게 다가온다. 새로운 우주로 다가온다는 게 무슨 의미인지 깨닫게 된다. 그런 사람 하나하나 짚어 보는 것으로 이른 아침을 맞는다. 어제와 다른 하루일 수밖에 없다.

---

7 《정목스님의 아침 편지 365 일력》, 정목, 김영사, 2024.

이처럼 정신의 주체가 된다는 것만으로도 시간, 공간, 관계, 세계가 달라진다.

　세상의 불의에 분노하고 허위를 눈감아 주지 않으며 내가 살아온 것들 가운데 누군가에게 도움이 될 수 있는 것이 있다면 정리해서 넘겨주면 족하다. 내 아버지는 쉰다섯 살에 돌아가셨다. 내가 열세 살 때였다. 나는 이미 당신보다 더 오래 살았고 자식을 결혼시키고 손자까지 보는 복도 누렸다. 부모님보다 먼저 세상과 작별하지 않았으니 자식으로서의 기본적 도리는 한 셈이다. 누군가는 노익장을 과시하며 권력과 부, 지위와 명예를 누리고 부리겠지만 이 나이 되어 보니 그거 별게 아니다 싶다. 그건 행운이고 덤이지 삶의 성공 여부를 결정하는 건 아니다. 몸이 쇠락하는 대신 정신의 날을 벼리고 판단의 신중함이 비겁함과 동화하지 않도록 자신을 경계할 수만 있으면 족하다.

　"건강한 육체에 건강한 정신이 깃든다."라는 말처럼 건강한 정신을 가지려면 건강한 몸을 간수하는 것도 맞다. 근대 올림픽의 창시자인 프랑스의 쿠베르탱 남작에 의해 보편화된 이 말은 로마의 격언에서 유래한 말이다. 그러나 로마의 저 유명한 격언은 본디 아무리 몸을 잘 가꾸고 멋지게 보이게 하는 데에 온갖 시간과 에너지를 쏟아붓는다 해도 거기에 걸맞은 건강한 정신이 갖춰져 있지 않으면 아무 소용이 없다는 뜻이다. 육체의 건강과 몸의 아름다움에만 집착한 당대의 세태를 따끔하게 지적한 말인데, 쿠베르탱이 이 경구를 올림픽 슬로건으로 사용하면서 건강한 몸이 건강한 정신을 만든다는 뜻으로 의미가 달라진 것이다.

생각을 바꾸면 삶과 미래가 바뀐다. 정신이 건강하면 그 정신이 추구하는 것을 실천하기 위해서 건강에 소홀하지 않을 수 있다. 순서만 바꿔도 삶을 보는 태도가 달라질 수 있다.

몸의 근육뿐 아니라 스스로 주체적이고 능동적으로 움직일 수 있는 정신의 근육을 찾아내야 한다. 생각보다 어려운 일은 아니다. 일단 좋은 생각으로 하루를 시작한다. 그리고 하루에 하나 좋은 생각의 씨앗을 심으면 된다.

게으른 완벽주의자들에게
전하는 조언

주일 저녁 청년 미사에서 한 청년이 입은 티셔츠의 문구가 눈길을 끌었다. 거기에는 이렇게 적혀 있었다. "Done is better than perfect(완벽한 것보다는 완성하는 게 더 중요하다)." 그 문구가 오랫동안 뇌리에 박혔다.

'늦었다고 생각하는 때가 가장 빠른 때'라는 말을 흔히 한다. 그러면 '늦었다고 생각할 때는 이미 늦은 거'라며 논박한다. 가볍게 여길 말은 아니다. 상투적이고 진부한 말이지만 그만큼 보편적이라는 뜻도 된다. 이와 비슷한 표현 가운데 하나가 앞에 언급한 문구 즉 "완벽한 것보다는 완성하는 게 더 중요하다."일 것이다. 그게 꼭 완성이어야 할 필요도 없다. 뭔가를 한 것이면 족하다. 그것은 뭔가를 하기 위해 행동했다는 것이고 그럴 의지가 있었다는 것을 함축한다.

나이 들어 뭘 시작하겠나 싶거나 설령 시작한다 하더라도 언제 제대로 이룰 수 있겠나 싶고, 그래서 그 성과를 누릴 수 있을까 지레 짐작하여 머뭇대거나 시도를 포기하는 경우가 많다. 살아오면서 하고 싶어 한 것보다 하고는 싶지만 경제적 조건이 안 된다고, 능력이 미치지 않는다고, 시간이 없다고, 전망이 없다고 온갖 핑계로 포기하거나 미룬 일이 훨씬 많다. 나의 삶은 포기한 것이 더 많았다. 원망할 건 아니다. 현실의 삶은 다 그런 거니까. 그렇지만 현실에서 누린 것들이 얼마나 많은가? "You cannot eat your cake and have it(케이크를 먹으면서 동시에 가지고 있을 수는 없다)."라는 격언이 있다. 배고프면 먹어야 하고 그렇지 않으면 배고플 때를 대비해 참아야 한다. 양쪽이 다 좋을 수는 없다는 의미의 말이다. 그런데 욕망은 둘 다 한꺼번에 하고 싶어 한다. 그게 인간의 비극이다.

예컨대 봉사 활동이나 자선 활동을, 나의 경제적 혹은 심적 여유가 생길 때까지 미뤄 봤자 결국 되지 않는 것처럼, 내가 하고 싶은 일도 마음이 동할 때 저질러야 할 수 있다. 이렇게 말하는 나도 그게 쉽지 않다고 고백할 수밖에 없다. 대학 때 배웠던 첼로나 40대에 배웠던 클라리넷을 다시 시작하고 싶지만, 아들이 쓰던 첼로는 처분했고 골동품처럼 지니고 있던 클라리넷은 꺼내 보지도 않은 지 몇 해 지났다. 지금 배워서 언제 제대로 해 보겠나 싶기도 하지만, 배우는 일 자체가 생각보다 쉽지 않기 때문이기도 하다. 대학 때 유화 과정까지 마쳤는데 그 이후 그림은 감상에만 그치고 있을 뿐이다. 그러다 최근에 자극을 받았는데, 가까운 지인이 퇴직 후 유화를 배우기 시작한 것이다. 대학의 평생교육원 미술 과정에 등록하더니 열심히 그림을 그린다. 그의 작업실에 들어서면 날마다 늘어나는 실력과 그림의 개수가 나를 놀라게 한다. 얼마나 멋진가! 예전 같으면 하고 싶어도 쉽게 하기 어려웠다. 그러나 이제는 문화센터뿐 아니라 주민자치센터 등에서도 다양한 강좌가 열린다. 한 3년 진득하게 따라 하면 스스로 즐길 만큼의 수준에 도달할 수 있다. 일단 저지르는 게 최선이다. 그래서 나도 고민하다 소설을 써 보기로 했다. 대학에서 문학을 전공했기 때문만은 아니다. 늘 문학에 대한 향수와 갈등에서 벗어나 본 적 없으며 그 갈증을 느꼈다. 이제는 하루 한 문장씩이라도 밀고 나갈 생각이다. 서예도 해 볼 생각이다. 배우는 것 자체가 즐거운 일이다. 배울 때는 나는 언제나 초보자^{novice}이다. 갓난아이와 다르지 않다. 그걸 두려워하고 꺼리는 것보다 초보의 떨림과 설렘, 그리고 희망을 즐길 수만 있어도 족하지 않은가?

　모든 일에는 '문턱'이 있다. 그 문턱을 넘으면 새로운 세상인데 그 알량한 문턱에서 머뭇거리다 포기하는 일이 너무 많다. 조지 버나드 쇼의 묘비명이 "내 이럴 줄 알았어. 내가 너무 오래 살아 있으면 결국 이런 일이 벌어질 줄 알았지$^{\text{I knew if I stayed around long enough, something}}$

like this would happen."라는데, 흔히 "우물쭈물하다가 내 이럴 줄 알았지."라고 의역하는 것이 완전한 오역은 아니라 생각한다. 뭔가를 하기 위한 가장 힘든 과정은 '등록하는 일'이라고 한다. 수영 강습에 등록하고 미술 과정에 등록하는 일이 남들 보기에는 쉽지만 당사자에겐 결코 쉽지 않다. 그건 결정 장애 때문이 아니라 재고 따질 게 많아서 그렇다. 어떤 과정에 등록하려 마음먹으면 그다음 주쯤에 꼭 참석해야 할 다른 일정이 있거나 급하게 먼저 마무리해야 할 게 갑자기 생겨난다. 그렇게 미루다 끝내 못한다. 중학교 때 체육 시간에 동대문 스위밍 센터에서 수영 강습을 받기는 했지만 그때는 한 반 혹은 한 학년 전체를 풀장에 밀어 넣고 대충 시간 때우는 것이라서 정식 수영은 익히지 못했다. 물론 개울과 바다에서 헤엄치는 데에 아무런 어려움 못 느낄 수준이기는 했지만 정식으로 배우고 싶은 마음이 있었다. 그래서 아이들은 수영 강습을 시켰다. 그때는 무슨 극성이었는지 목동 수영 클럽이 가장 잘 가르친다 해서 큰아들을 거기에 등록시켰다. 강습 때마다 마포 집에서 목동까지 차로 데려다주는데 강습 시간에 주차장에서 기다리는 게 무료해서 용기를 내 수영 강습에 등록했다. 그렇게 5년쯤 열심히 수영장에 다녔다. 물론 강습을 마친 뒤에는 동네 수영 센터에 다녔다. 아마 그때 마음을 먹지 않았다면 여전히 개헤엄에서 벗어나지 못했을 것이다. 일단 '등록'이라는 문턱을 넘으면 절반은 이룬 셈이다. 이럴 때야말로 '시작이 반'이라는 말이 딱 들어맞는다.

얼마 전 친구를 만났는데 10년은 더 늙은 듯했다. 회사가 어렵다는 말도 들었던 터라 마음고생이 많겠거니 했지만 몸까지 크게 축난 모습이 안타까웠다. 이제는 시간이 나면 걷기라도 해야겠단다. 늘 차로만 이동하는 게 몸에 밴 인사라 앞으로는 걷겠다는 말이 반가웠다. 그러나 반가움만으로 될 일이 아니다. 무조건 아침에 눈 뜨면 신발부터 신으라고 채근했다. 일단 몸을 집 밖으로 내보내야 한다고 말이다. 몸에 이상이 왔을 때 그런 단호함이 있어야 한다고 쐐기를 박았다. 나 역시 본디 등산을 좋아했고 히말라야에도 다녀왔지만 열심히 산에 다닌 건 급성심근경색으로 병원에 실려 간 뒤, 그리고 뒤늦게 당뇨까지 있다는 걸 알게 된 뒤였다. 다행히 집 뒤에 북한산이 있어서 마음만 먹으면 언제든 산에 오를 수 있는 행운도 한몫했다. 내가 산에 오르는 건 '약 먹는 마음'이다. 아침저녁 빠지지 않고 약을 챙겨 먹는다. 나의 등산도 그 약의 일부라 생각한다. 그래서 추운 겨울과 눈비 올 때를 제외하곤 일주일에 서너 번 북한산에 오른다. 대성문과 형제봉 코스로 왕복 2~3시간 걸리는, 딱 좋은 처방전이다. 내 건강에 적신호가 켜지니 열심히 수행한다. 급하면 한다. 그러나 일이 터진 뒤 사후약방문 하기보다 미리 예방 주사 맞는 심정으로 하면 더 좋았을 것이다.

    지금 운동한다고 대회 나갈 것도 아니고 악기 배운다고 무대에 설 것 아니며 그림을 배운다고 전시회를 꿈꿀 건 아니다. 그러나 뭘가 하고 있다는 것 그 자체만으로 행복하다. 그러므로 "Done is better than perfect."라는 말은 명언이다. 잘하지 못하면 어떤가? 하는 것만으로 심신이 건강해진다. 온갖 역노화니 안티에이징이니 하는 프로그램과 프로젝트가 많지만 뭔가를 새로 배우고 입문하는 것만으로도 충분히 노화를 늦출 수 있고 더 즐겁게 살 수 있다. 온갖 영양제를 끼니만큼이나 챙겨 먹는 것보다 뭔가 새로운 걸 배우고 시도하는 것이 더 효과가 크다.

평생 글을 깨치지 못해 어려움을 겪던 70~80대 어르신들이 시니어 문해 교실에서 글을 배워 시를 쓴 것을 묶어 책으로 펴내는 걸 심심치 않게 만난다. 그분들의 시 하나하나, 글귀 하나하나는 대문호의 그것보다 훨씬 진솔하고 감동적이다. 어떤 할머니는 글을 몰랐을 때는 버스 정류장을 읽지 못해 자신이 아는 곳에서만 내릴 수밖에 없었지만, 글을 읽을 수 있게 되자 온 세상이 자신에게 다가와 악수하는 경험을 했다고 경탄하는 고백으로 독자를 감동시켰다. 그 나이에 글을 배우는 게 부끄럽다고 여기거나 지금 배워서 무슨 쓸모가 있을까 싶어 끝내 포기했더라면 결코 느끼지 못했을 일이다. 나는 그분들의 용기에 무한한 존경을 느낀다. 결국 문제의 핵심은 용기이다. 다음에 주민센터에 갈 일이 있으면 문화 프로그램에 대해 안내하는 선전물을 가져올 생각이다. 집에 와서 꼼꼼히 살펴보고 마음에 드는 과정을 하나 신청해 볼까 한다. 일단 저질러 보는 게 중요하니까 말이다.

완벽하게 하는 건 중요하지 않다. 중요한 건 해 보는 것이다. 처음이 낯설고 어려울 뿐이다. 그 문턱만 넘어서면 새로운 세상을 만날 수 있다. 부끄러워하지 않고 주저하지 않고 도전해 보는 것, 그게 진짜 용기이며 그 용기야말로 우리를 행복하게 만들어 줄 열쇠이다.

무업장수의 함정에서 벗어나고 싶다면

무업장수(無業長壽)는 나이 든 세대의 공포 가운데 하나이다. 일이 없다는 건 경제적인 문제와 직결되는 것이기도 하지만, 무엇보다 존재감의 상실이라는 점에서 매우 치명적일 수 있다. 학교 다닐 때는 학교 가는 것, 공부하는 것, 특히 시험 공부하는 게 지겹게 느껴졌고, 사회에 나가서는 일주일 내내 일하는 것이 버겁다고 느끼며 살았다. 노는 법을 배우지 않았으니 제대로 놀 줄도 몰랐다. 열심히 아이들 키우고 가르치며 적당히 승진도 했고 사회적 지위도 어느 정도 누리며 나름대로 보람도 있었다. 그러나 수명은 길어졌는데 정년은 늘어나기는커녕 오히려 희망퇴직이니 명예퇴직이 불쑥 찾아왔다.

수명이 길어지면서 우리도 이미 30여 년 전부터 이른바 '평생 교육'이라는 프로젝트가 시행되었다. 정부 기관에 그걸 전담하는 부서가 있고 교육 기관에도 있다. 지방 자치 단체에도 빠짐없이 평생 교육관이나 평생 학습관이 있으며 담당 인력이 배치되고 예산도 제법 많은 편이다. 그러나 냉정하게 말하자면 거기에서 인생의 두 번째 사회생활을 위한 재교육 프로그램은 찾기 어렵다. 거칠게 보자면 '취미, 건강, 오락' 위주로 짜여 있다. 치열하게 살아왔으니 나이 들어 취미 생활도 즐길 수 있게 배우고 건강 프로그램도 참여하여 즐겁게 건강 증진에 매진하며 여러 가지 즐거움을 누릴 수 있는 오락 프로그램으로 활기를 되찾는 건 분명 좋은 일이다. 그러나 퇴직한 사람들에게 절실한 건 새로운 삶에 도전할 수 있는 재교육 프로그램이다. 그게 평생 교육의 핵심이다. 예전보다는 많이 나아졌지만, 여전히 평생 교육이나 평생 학습 제도의 대부분은 '취미, 건강, 오락'이 핵심이다. 이제는 재교육을 통해 새로운 직업과 직종에 도전할 수 있는 다양한 사회적 프로그램이 개설되어야 한다. 재취업은 단순히 경제적 이유만이 아니라 존재감과 자존감을 위해서도 필요하다. 하지만 '무업(無業)'을 경제 활동을 하는 일에만 국한시킬 까닭은 없다.

왜 우리는 일을 '돈 버는 행위'와 '몸을 써서 하는 노동' 정도로 이해하는 것일까? 늘 그렇게 살아왔고 그렇게 교육 받아 왔기 때문일 것이다. 말로는 '의무의 삶'을 마쳤으니 '권리의 삶'을 누릴 때라고 하지만, 수입원이 크게 줄었거나 심지어 알량한 연금 빼곤 아무런 수입이 없는 터라 난감하다. 그렇다고 가망 없는 일에 매달리거나 기웃거리기만 한들 뾰족한 수가 없다. 그게 현실이다. 청년들이 일이 없는 것은 미래에 대한 불안과 도태될지 모른다는 공포이며 그것이 바로 실업 문제의 핵심이다. 청년에게 실업 문제는 생존의 문제 그 자체다. 거의 절대적이다. 그러나 은퇴한 사람들에게는 약간의 경제적 문제이고 자존감과 존재 의미의 문제이지 생존의 문제는 아니다. 적어도 청년들과 비교하면 그렇다. 그러니 일에 대한 생각을 바꿔야 한다. 나이에 어울리는 일을 찾으면 된다.

기성세대가 책을 읽지 않는 건 이른바 디지털 시대에 영상 매체를 통해 오락뿐 아니라 정보와 지식을 쉽고 편하게 마음껏 누릴 수 있는 환경의 탓도 있지만, 젊었을 때 책을 읽지 않은 습관의 결과이기도 하다. 학교에서도 입시 위주의 '공부 방법'을 획득하는 데에만 몰두했고 교과서 이외의 책을 읽어 봐야 성적과 무관하다 여기니 딱히 책을 읽으라 권하는 일도 없었다. 그런 상태로 사회에 나와서는 워낙 바쁘게 살았다. 자연스럽게 책 읽을 시간이 없다는 핑계가 통했다. 그리고 굳이 책 읽지 않아도 일하거나 살아가는 데에 문제가 없었다. 그렇게 굳어졌다. 퇴직한 이후 시간은 많아졌지만 그렇게 굳어진 습관은 쉽게 달라지지 않는다. 그러나 습관이 되지 않았을 뿐이지 책을 아예 안 읽은 것도 아니고 마음만 먹으면 언제든 책을 읽을 수 있다. 나이 든 세대에게는 시간이 많다. 주체하지 못할 만큼 많다. 등산도 다니고 친구들과 어울려 담소를 나누고 당구도 치며 가끔 술 한 잔 나누기도 하지만 그래도 시간이 남는다. 하루에 서너 시간 책을 읽으면 시간도 낭비하지 않으면서 많은 것을 누릴 수 있다. 품격 있는 어른의 삶을 위해 이것보다 좋은 것이 또 있을까 싶다.

나이 든 세대에게 독서가 주는 가장 큰 즐거움은 무용(無用)의 미덕이지 싶다. 젊었을 때의 독서는 목적성이 분명하다. 지식과 정보를 습득하고 이해하고 해석하며 내 삶에 도움이 될 수 있는 것들을 정리하는 데에 집중했다. 그러나 나이 들어 읽는 책은 특별한 목적성이 없다. 실용과는 거리가 멀다. 나는 시간 여유가 생긴 독서의 즐거움은 '낱말 만지기'와 '문장 만지기'라고 생각한다. 《어른의 말글 감각》[8]에서 자세히 언급했던 이 '만지기'는 대단한 것이 아니다. 그러나 그 효과는 매우 탁월하다.

문자를 단순한 기호의 조합에 의한 의미와 정서의 전달로 대하지 말고, 마음에 끌리는 낱말이나 문장을 하나하나 마치 손으로 만지듯 내 머릿속에서 그려 보라. 예를 들어 톨스토이의 《안나 카레니나》의 첫 문장, "행복한 가정은 모두 비슷하지만 무릇 불행한 가정은 불행한 이유가 제각각 다르다."를 그냥 진부한 문장으로 넘겨 버릴 수 있

---

8 《어른의 말글 감각》, 김경집, 김영사, 2023.

을까? 빠르고 바쁘게 읽을 때는 그렇게 여길 수 있다. 인상 깊은 문장이나 유명한 첫 문장쯤으로 확인할 뿐이다. 그러나 어른의 독서는 그 문장에서 잠시 멈춰 인생의 다양한 면모들을 짚어 보고 상상하며 유추하고 확인하는 과정을 거칠 수 있다. 그게 바로 '문장 만지기'이다. 그러면 그 문장은 단순한 하나의 대사가 아니라 세상사를 축약한 문장, 또는 내 삶에서 많은 편린을 모아 조각 그림을 맞춰 보는 실마리가 될 수도 있다. 그게 젊을 때 누리지 못했던 어른의 독서가 주는 즐거움이고 미덕이다.

한때는 일주일에 소설 한 권, 시집 한 권을 읽으며 지냈다. 지금도 시집 한 권을 읽는 즐거움은 여전하다. 그러나 소설은 많으면 두 달에 한 권, 적으면 석 달에 한 권 읽는다. 그러니 일 년에 기껏해야 대여섯 권 읽는 게 전부다. 이전에는 소설을 읽으며 장면을 그려 보는 정도로 그쳤지만, 이제는 문장을 혹은 낱말을 하나하나 만지며 읽다 보니 소설 한 권 읽는 데에 한두 달 걸리는 게 예사로운 일이 되었다. 나는 그런 느린 독서를 누리는 게 즐겁다.

예를 들어 가와바타 야스나리의《설국》[9]의 유명한 첫 문장은 소설 제목과 완벽하게 일치할 뿐 아니라, 소설 전체를 지배하는 문장이

---

9 《설국》, 가와바타 야스나리 지음, 유숙자 옮김, 민음사. 2009.

기도 하다. 처음 읽었을 때는 그 문장을 '만지지' 못했다. 대학 때 다시 읽어도 그랬다. 세 번째 읽은 건 아마 50대였는데, 이때 비로소 첫 문장이 만져졌다. 그러고 나니 그다음 문장이 제대로 보였다. 모든 장면이 그대로 눈에 밟혔고 목소리들이 소곤거렸다. 그러나 나긋나긋하지는 않았다. 처음 만났을 때는 당신이 정말 싫더라는 뜬금없는 대사가 낯설었는데 그마저도 다르게 느껴졌다. 서로 깊은 애정을 지닌 남녀 관계로 보이는데 이런 대화를 주고받는 것에 공감하기 어려웠다. 그러나 그 문장 뒤에 드리운 진짜 감정의 실루엣이 보이는 순간, 이 문장이 얼마나 정교한 장치인지 알게 되었다. 겉으로는 모욕의 문장인데 그 안에 실타래처럼 얽힌 애증과 희원이 절절하다. 그 모욕적 언사에 대해 남자가 괜찮다고 응대하는 걸 한심하고 고약한 심성쯤으로 여겼던 것도 그 안에 담긴 사내의 감정을 이해하면서 전혀 다른 뜻으로 다가왔다. 이해가 아니라 공감일지도 모른다.

사실 이야기는 극도로 단순하다. 설국의 기생에게 끌려 세 번이나 온천장을 찾은 사내. 그렇다고 뜨거운 사랑으로 서로를 태우는 것도 아니다. 애처로운 정이 스멀스멀 올라오면서 관망할 뿐이다. 그 관망은 냉정하고 지적인 관찰의 눈이다. 도대체 이런 사랑이 가능한가? 이 소설은 정지된 화면으로 멈춰 세웠을 때 비로소 손가락 끝이 떨리는 미세함을 읽어 낼 수 있다. 그 안에 이미 모든 이야기가 담겨 있다. 뜻밖에 우리는 시간이 얼추 겹쳐야 비로소 이해하는 일들이 꽤 많다.

그런 점에서 이 작품을 읽는 나이는 장년의 나이를 건너야 적당할 것이다. 그걸 하나하나 천천히 모든 문장과 낱말을 '만져 가면서' 읽을 수 있는 건 어른의 독서의 특권이자 행운이다. 이제 시간이 없어서 책을 읽지 못한다는 변명은 통하지 않는다. 그렇다고 노안 운운하며 생리적 핑계를 댈 것도 아니다. '무업(無業)'의 질곡에서 벗어날 최고의 기회이자 선물은 독서가 아닐까? 이제 그 권리를 최대한 누리면 좋겠다. '그걸 뭐에 써 먹을까?' 하는 진부한 생각만 버리면 의외로 많은 것을 얻을 수 있다.

공자는 『논어』 「위정」편에서 '學而不思則罔 思而不學則殆(학이불사즉망 사이불학즉태)'라고 말했다. "배우기만 하고 생각하여 자기 것으로 소화하지 않으면 얻음이 없고, 생각만 하고 보편적인 학문을 배우지 않으면 독단에 빠져 위태로워지기 쉽다."라는 뜻이다. 우리는 뜻밖에 많은 걸 배웠다. 그걸로 통했다. 다만 배우기만 하고 생각하거나 실천하지 못한 것들도 꽤 많다. 자유, 정의, 평등, 민주주의 등이 그렇고 연대, 배려, 공공선 등이 이에 해당한다. 관념적으로는 외우고 이해하는 듯하지만 정작 그것을 실천하지 못하고 적당히 비겁하게 살아온 행적이 꽤 많다. 이제는 배운 것을 재확인하고 그것을 사유하고 실천할 수 있는 마지막 기회로 여겨야 한다. 그동안 살아오면서 겪고 쌓은 경험들만 고수하며 독단에 빠지지 않도록 경계하며, 그것이 발전해 온 양상과 형식 등을 공부를 통해 논리적으로 구축하는 것 또한 지금 우리에게 필요한 태도이다. 그렇게 하는 것이 낱말과 문장을 만지는 것이며 그것이 어른의 독서의 핵심이다. 바쁠 것도 급할 것도 없다. 천천히 느긋하게 지금까지 미루고 외면했던 '그 일'을 누려 보자. 적어도 '무업'은 걱정할 게 아닐 것이다.

무업을 한탄하고 주눅 들 까닭이 없다. 독서도 훌륭한 업이고 봉사는 아름다운 업이다. 이제는 삶의 성찰과 지혜를 일궈 낼 수 있는 토양을 제공하는 업을 마련해 보자. 책은 우리 삶에 아주 훌륭한 동반자가 될 수 있다.

퍼레니얼 세대의 마인드셋

기존의 생애 주기 패턴은 거의 일정했다. 학교에서 배우고 사회에 나가 직업 활동을 하다가 나이가 차면 은퇴해서 조용히 사는 순서로 살았다. 고대 힌두교에서는 삶을 네 단계로 나누어 0~25세 기간은 배우고 성장하는 학습기, 26~50세 기간은 가정을 꾸리며 일하고 자녀를 키우는 가주기, 51~75세 기간을 은퇴하고 숲으로 들어가 자신을 돌아보며 명상하는 임서기(林棲期), 75~100세 기간을 천하를 주유하고 유랑하다 죽음을 준비하는 기간으로 나누었다. 대부분 임서기에 마감했을 것이다. 그러니까 지금의 시간으로 환산해 보자면 임서기는 60세 이후의 삶 전체로 간주할 수 있을 것이다. 따라서 이 시간에 대한 생각의 정리는 매우 중요하고 유의미하다. 그런데 은퇴 이후의 시간이 갑자기 크게 늘면서 이 기간을 어떻게 살아가느냐 하는 게 개인의 문제뿐 아니라 사회적 의제가 되었다. 이러한 사회적 배경에서 나온 말이 '퍼레니얼 세대$^{perennial\ generation}$'이다. 퍼레니얼은 해마다 꽃을 피우는 다년생 식물을 지칭하는 말인데, '나이와 상관없이 계속해서 피어나는 마음가짐을 가진 사람'을 의미하는 말로 전용되었다. 실리콘밸리의 사업가 지나 펠이 사회적 용어로 처음 제안한 말이다. 그녀에 따르면, 퍼레니얼은 나이나 세대가 아닌 사고방식과 태도로 구분되는 사람들이다.

한마디로 '나이'보다 중요한 건 '태도'라는 게 핵심 가치이다. '나이에 어울리는 행동'이라는 게 오랫동안 우리의 일상을 지배했다. 거기에서 조금만 벗어나도 나잇값 못한다고 비난했다. 한 세대 이전만 해도 청바지는 청년의 전유물이라 여겼고 중장년이 입으면 주책이라며 핀잔하기 일쑤였다. 그러나 지금 그렇게 말하는 사람이 있을까? 70~80대도 자연스럽게 청바지를 입는다. 그게 별거 아닌 듯하지만 복장의 자유로움은 생각의 유연성과 개방성으로 이어진다. 그래서 다 그런 건 아니지만 청바지 입은 시니어는 그렇지 않은 동년배보다 덜 꼰대스럽다. 옷도 태도의 일부이다. 결국 지금 어떤 태도로 세상을 바라보느냐가 중요하다. 그게 퍼레니얼 세대를 설명하는 핵심이다.

이제 세대 간 구획은 무의미하다. 물론 여전히 그 구획에 안주하는 것이 익숙하고 편해서 버리지 못하는 이들도 많지만, 머지않아 그게 자신에게 얼마나 큰 패착이었는지 깨닫게 될 것이다. 실버 크리에이터 박막례 할머니의 사례가 대표적이다. 그 나이에 새로운 일을, 그것도 아주 신나고 멋지게 할 것이라 상상할 수나 있었을까? 그러나 이제는 현실이 된다. 세상이 바뀐 것이다. 문제는 그분의 마음가짐, 즉 태도에 달렸던 것이다. 손녀의 응원이 시발점이 되었지만, '이 나이에 되겠어?'라는 포기 대신 '그까짓 거 한번 해 볼까?'라고 덤빌 수 있어서 가능한 일이었다. 그건 인터넷이 일상화되면서 새로운 커뮤니케이션에 대한 호기심과 그것을 만족시켜주는 콘텐츠가 절묘하게 맞아떨어진 타이밍도 있었지만, 본질적으로 박 할머니의 '태도'가 결정한 것이었다.

20대가 창업하고, 40대도 창업한다. 60대 이상의 창업도 불가능한 일이 아니다. 이제 나이는 문제가 되지 않는다. 물론 어떤 일을 하느냐에 따라 달라지겠지만, 세상이 달라졌기에 가능한 일이다. 실제로 한 연구에 따르면 나이보다 '자기 효능감'과 '학습 의지'가 개인의 커리어 만족도에 더 큰 영향을 준다고 한다. 나이보다 마음이, 태도가 더 중요하다는 과학적 근거가 되는 셈이다. 아직은 흔치 않지만 곧 40~50대는 말할 것도 없고 60~70대 유튜버들이 대거 나타날 것이다. 혼자 하는 게 어색하고 불편하거나 심리적으로 불안하면 뜻이 맞고 태도가 어울리는 친구들과 함께할 수도 있다.

퍼레니얼 세대에 맞는 마인드셋을 어떻게 마련할 수 있을까?

첫째, 나이에 상관없이 배우려는 마음이 커야 한다. 배우는 걸 두려워하지 않고 오히려 즐길 수 있으며 새로운 것을 불편하게 여기기보다 흥미를 갖는, 끝없는 호기심이다. 호기심이 아이들만의 전유물은 결코 아니다. 그냥 말로만 나이는 숫자에 불과하다고 일축할 게 아니다.

둘째, 동년배 커뮤니티에만 갇혀 지내지 않는 개방성을 가져야 한다. 세대 간 장벽이라는 건 누가 쳐 둔 게 아니라 사실은 내가 세운 것이다. 그걸 세운 까닭은 자기 정체성이 동 세대를 통해서 견고해질 수 있다는 심리적 방어 기제 때문이다. 다른 세대와 소통하려면 그의 환경과 사고를 내가 받아들이는 동시에 나의 입장을 설명하고 동의와 존중을 이끌어 내야 한다. 그런 일종의 자기방어적 강박 관념을 갖는 건 자연스럽다. 그러나 거기에만 묶여 있으면 세대 간 소통으로 나아가지 못한다. 그러면서 불통의 자존감만 높아진다. 같은 세대끼리만 어울리면서 "요즘 것들은 말이야." 운운하며 비난하는 것으로 대동단결하는 자발적 왜소함에 갇힌다. 오히려 다른 세대와의 소통을 즐기겠다는 마음을 먹으면 그 장벽은 의외로 쉽게 무너질 수 있다.

셋째, 사고가 유연해야 한다. 사람들은 살아오면서 저마다 나름대로 '나는 이런 사람이야.'라는 관념을 형성한다. 그리고 때론 그 관념에 나를 끼워 맞추고 심지어 상대도 거기에 끼워 맞추려는 경향이 있다. 그러면서 관계를 서열로 정리하려 한다. 상대가 나보다 계급이 높은지, 나이가 많은지, 배운 게 많은지, 재산이 많은지 등 온갖 자질구레한 요소들을 따지며 서열을 가늠한다. 이때 가장 만만한 게 나이다. 만나자마자 상대에게 나이를 묻는 건 그 때문이다. 나이 말고는 내가 우위에 있을 게 없으니 그런다. 나이나 사회적 기준이 아니라 자신의 삶에 집중하고 성장에 가치를 두는 사람이 유연한 사람이다. 무엇보다 "나는 아직 배우고 있으며 앞으로도 계속 배울 것이다."라는 말을 당당하게 할 수 있어야 한다. "나는 이런 사람이야.'가 아니라 '내가 앞으로 어떤 사람으로 변화할 수 있을까?'를 생각할 수 있는 게 기본이다.

넷째, 실수를 두려워하지 않는 용기가 필요하다. 우리는 지금까지 늘 조심하며 살아왔다. 어쩌다 실수 한 번에 독박 쓰거나 두고두고 승진에 발목 잡는 일을 겪었으니 어쩌면 당연할 일이다. 실수를 달가워할 사람은 없다. 말로는 실수를 두려워하지 말라거나 실수에서 배우는 게 더 많다고 쉽게 말하지만, 막상 당사자에게 실수에 대한 걱정은 베를린 장벽만큼이나 장대하다. 그러나 그 베를린 장벽도 무너졌다. 장벽의 붕괴는 분단을 종결시켰으며 독일의 통일을 불러왔고 더 강하게 만들었다. 내게도 수많은 장벽이 있다. 이제는 그게 내 승진이니 뭐니 하는 거에 장애가 되지 않는다. 이만큼 살아왔으면 적어도 그것쯤은 안다. 그리고 앞으로 살아가야 할 날 많이 남았다. 그러니 실수에 연연하지 않고 새로운 일에 대한 희망을 즐기는 게 낫다는 걸 상기하자. 틀리면 또 어떤가? 이젠 시행착오를 통해 배우는 게 있다는 것도 체득했으니 그까짓 거에 휘둘리지 않는다.

이 네 가지 가운데 어느 하나가 막혔거나 기울어져 있다고 해서 퍼레니얼 세대에 맞는 마인드셋을 마련하지 못했다고 할 건 없다. 누구나 장점도 있고 단점도 있다. 신경이 쓰인다. 그러나 단점 때문에 노심초사하며 그걸 극복하려 하기보다 나의 장점을 극대화시켜 거기에 맞는 방식을 모색하면 된다. 변화에 강하고 자신만의 경로에 대한 로드맵을 짜며 다양하게 포용하고 유연하게 대하는 태도만 갖춰도 우리는 충분히 퍼레니얼 세대로서 남은 삶을 제법 유의미하게 채워 나갈 수 있다.

구체적으로 해 볼 수 있는 트레이닝은 '적자생존'이다. 다윈의 진화론에서 말하는 '적자생존(適者生存)'이 아니라 '적는 사람^{writer}이 생존할 수 있다'라는 뜻이다. 갈수록 기억력은 쇠퇴한다. 금세 까먹는 게 너무 많다. 처음에는 명사가 떠오르지 않고 그다음에는 여러 낱말이 마치 '내 머릿속의 지우개'처럼 지워진다. 낱말뿐 아니라 떠오르는 생각조차 30초를 넘기지 못하고 흩어지는 게 예사다. 그럴 때는 무조건 적는다. 종이가 없으면 어떤가? 스마트폰에 메모하면 된다. 나중에 '내가 왜 그걸 적었지?' 하며 의아해하는 경우도 있겠지만 그래도 절반 넘게 건질 뿐 아니라 그렇게 적어 놓은 걸 보면서 관련된 생각들을 펼쳐 나갈 수 있다.

이제 갈수록 멀티태스킹 능력이 현저하게 떨어질 것이다. 한꺼번에 두 개의 일도 수행하지 못한다. 그걸 한탄하기보다 하나씩 제대로 처리할 수 있는 기회가 왔다고 생각하면 된다. 남는 게 시간인데 바쁠 것도 없다. 그런 것도 일종의 사고의 유연성이다. 더불어서 디지털 기기의 기능을 하나씩 배워 익히는 것도 매우 유용하다. 예를 들어 스마트폰 카메라의 여러 기능을 활용하면 제법 작가 같은 사진을 얻을 수 있다.

나이는 무기도 벼슬도 아니고 그렇다고 결정적인 결격 사유가 되는 것도 아니다. 나이에 대한 고정 관념에서 벗어나기만 해도 절반은 성공한 것이다. '늦었다.'가 아니라 '아직 시간이 남았다.'라고 생각하면 그 '빈 시간'을 무엇으로 채워야 할지 보일 것이다. 한해살이풀로 살 게 아니라 여러해살이꽃으로 살아야 하지 않겠는가. 기존의 나이 들어가는 순서에 따른 삶의 방식은 낡은 틀이다. 생각이 바뀌면 삶이 바뀐다.

태도만 바꿔도 남은 삶이 달라질 수 있다. 배우려는 마음, 호기심, 유연성, 개방성, 용기를 조금만 내면 뜻밖에 할 수 있는 일들이 많아진다.

노인을 위한 시장은 있다

어찌 보면 지금의 나이 든 세대들이 불쌍하다는 느낌도 든다. 자랄 때는 부모한테 찍소리 못 하고, 커서는 직접 모시고 살거나 봉양하지는 못해도 용처에 맞게 쓰시라 적지 않은 돈 꼬박꼬박 드렸다. 물론 부모의 희생 덕에 부모보다 잘사는 첫 세대가 되었으니 그걸 불평하지는 않았다. 그런데 이제 은퇴하고 나서 자식들에게 도움 받는 일은 기대조차 하지 않는다. 자식들도 저 살기 바쁘고 힘든데 손 벌리기 민망하기도 하지만, 무엇보다 예전 부모 세대와 달리 여러 연금의 지원을 받기 때문이다. 저축 많이 해서 뒷날 걱정 없는 나이 든 세대들이 아직은 많지 않지만, 적어도 조금 줄여 살면 어느 정도는 버티게 해 줄 연금 혜택의 첫 수혜자인 건 다행이다. 나중에 더 늙고 병들면 병원비도 만만치 않겠지만, 보험 하나쯤은 들어 놨고 간병인 보험까지 가입한 이들도 많다. 자식들 눈치 보며 병원 생활 하지 않을 정도는 된 사회적 시스템의 혜택을 본다. 군인, 공무원, 교사 등에서 은퇴한 이들은 연금액도 꽤 든든해서 그것을 잘 모아 여행도 다니며 후반기 삶을 즐기는 이들도 많다. 어쨌거나 이미 은퇴한 사람도, 머지않아 퇴직할 사람도 경제 활동을 하지 않는 상태에서의 삶에 대해 걱정하는 건 자연스럽다. 그렇다고 눈치 볼 것도 아니다.

노인이라고 사회적 비용을 축내는 시대는 지났다. 지금은 돈 버는 일에서 떠났지만, 일할 때 적립해 둔 연금을 수령하거나 저축해 둔 자금을 잘 운용하여 다양한 소비 활동을 누리기도 한다. '고령화의 공포를 이겨 낼 희망의 경제학'이라는 부제를 단 《노인을 위한 시장은 없다》라는 책에서 조지프 F. 코글린은 낡은 통념을 깨뜨리고 이미 노년 소비가 차지하는 비중이 갈수록 증가하고 있는 새로운 시장을 보라고 주장한다. 그게 바로 '장수 경제'이다. 이건 비단 노인의 문제만은 아니다. 곧 그 세대에 진입할 중장년도 준비해야 제대로 대응할 수 있다. 코글린은 곧 모든 비즈니스가 시니어 비즈니스로 통하는 시대가 온다고 예측하며 실버 산업의 성공 요인은 단순한 '필요'를

---

10 《노인을 위한 시장은 없다》, 조지프 F. 코글린 지음, 김진원 옮김, 부키, 2019.

넘어 근원적인 '욕구'를 읽는 것이라고 말한다. 실제로 이미 초고령 사회로 진입한 일본에서는 은퇴한 베이비부머들이 경제와 소비를 주도하고 있다. 그들은 이른바 '버블 경제'의 모든 혜택을 다 누렸기 때문에 상당한 경제적 입지까지 마련한 상태라서, 많은 기업이 이들의 욕구를 충족시키는 마케팅에 초점을 맞추고 있다. 미국 역시 2018년 통계에 따르면 전체 소비의 56퍼센트를 중·노년층이 주도하고 있다고 한다. 적어도 소비에서는 아웃사이더가 아니라 인사이더라는 뜻이다.

지금의 나이 든 세대들은 힘 빠지고 돈 없는 '늙은이'가 아니며 퇴직하면 곧바로 소비력을 상실하는 세대도 아니다. 물론 심리적으로야 어느 정도 위축되겠지만 노후를 더 능동적이고 멋지게 보내려는 욕구가 강하다. 적극적 의미에서, 그리고 다양한 분야에서 나이 든 세대가 당당한 '소비 주체'가 된 것이다. 문제는 소극적이거나 순종적인 태도가 몸에 배어 내 돈 내고 내가 사서 내가 쓰는데 남의 시선이나 말을 지나치게 의식하는 것과, 단순히 남에게 과시하고 싶어서 지르는 소비이다. 이제는 남 눈치 볼 것 없이 나 하고 싶은 대로 할 용기가 필요하다. 건강한 소비 유형이 건강한 경제 환경을 만드는 핵심이라는 점을 기억하자.

장수 경제의 핵심은 단순하게 내 주머니에 돈이 있고, 의무적으로 노동해야 할 직장이 없으며, 권리자로서의 삶을 충실하게 이행하는 것에 그치는 것이 아니다. 예를 들어 착한 기업의 좋은 상품을 가려내어 능동적으로 소비하며 그와 반대인 상품의 구매를 거부함으로써 경제의 선순환이 이루어지게 하는 역할을 수행할 수 있다. 단지 나이 든 세대의 시선에 고정시켜 볼 게 아니라 전체적 소비의 관점에서, 그리고 가능하다면 젊은 세대의 입장에서 어떤 점이 개선되면 좋을지 살펴보는 것도 필요하다. 바쁘지 않으니 더 꼼꼼하게 상품을 살피고 비교할 수 있으며, 단순히 소비의 주체가 아니라 유통과 경제활동의 감시자이자 지지자가 될 수 있는 권한을 수행할 수 있다는 점에서 나이 든 세대의 소비 주권은 이제부터 본격화할 수 있다. 이러한 소비 행태는 결코 소극적인 것이 아니며 시간이 흐를수록 더욱 강력한 힘을 발휘하게 되고, 결국 좋은 경제의 밑거름을 마련할 수 있다는 점에서 의미와 가치가 있다. 나이 든 세대가 소비와 유통의 건전한 감시자가 되는 동시에 소비의 주체가 되는 것 자체가 건강한 경제 환경을 만드는 데에 큰 힘이 된다. 그런 새로운 모범을 마련한다는 것 자체가 사회적으로 유의미하다.

저출산 고령화로 젊은 세대가 줄어드는 것이 한 사회를 정체 상태에 빠뜨릴 위험 요소인 것은 부인할 수 없다. 실제로 고령 유권자의 증가가 정치의 보수화로 이어지고 나아가 퇴행적 수구에 빠질 수 있는 요인이 된다는 점은 매우 위험한 신호가 될 수 있다. 이것은 비단 정치적 상황에만 해당되는 것은 아니다. 자신들이 소득 활동을 중심으로 한 경제 활동에서 제외되었다는 소외감과 무력감이 사회·경제적 상황에 대한 무기력한 방조와 퇴행적 추억 소비 등으로 이어지지 않도록 경계해야 한다. 물론 누구나 자신이 살아온 과거에 대한 향수와 추억을 갖는 것은 자연스러운 일이고, 그것을 행복하게 향유하는 것도 어느 정도 필요하다. 그러나 무조건 그때가 좋았다는 식의 일방적 소비는 위험하다. 사실 '그때가 좋았지.' 식의 말은 그 당시의 상황이나 실태를 그리워하는 것이 아니라 그 시간을 아쉬워하고 그리워하는 것이다. 막상 그 시대로 돌아가 살겠느냐고 물으면 열에 아홉은 손사래를 칠 것이다. 그러니 그 시절에 대한 과도한 평가는 금물이다. 특히 자녀를 비롯한 젊은 세대에게 그런 발언은 듣고 싶지 않은 낡은 레코드 잡음과도 같다.

인간은 누구나 늙는다. 어차피 겪어야 할 것이라면 당당하고 멋지게 누려야 한다. 경제든 건강이든 과도하게 방어적 태도로 일관하면 한 걸음도 나아가지 못한다. 갈수록 노령 인구가 증가하는 반면 태어나는 세대는 줄어들기 때문에 노령 인구가 사회적 의사 결정에 부당한 영향을 미치는 것을 스스로 경계해야 한다. 경제적으로도 절약을 넘어 자린고비처럼 움켜쥐고만 있으면 소비 경제의 활력을 저하시킨다. 일본의 사례는 그것을 명확하게 보여 준다. 흔히 현대인의 나이는 과거와 비교하면 0.8배 정도 낮춰 잡는 게 타당하고 말한다. 실제로 UN의 정의에 따르면 예전에 노인이라 부르던 나이가 훨씬 높아진 것을 알 수 있다. 그러니까 예전 60세의 나이면 지금은 70세 안팎 혹은 그 이상으로 평가하는 게 맞다. 초기 노인 세대는 예전의 중장년에 해당될 것이고 경제적 능력이나 건강 상태도 여전히 괜찮다. 그러므로 적극적이고 능동적으로 처신하는 것이 오히려 자연스럽다.

문제는 '젊은 어른'의 생각이 '예전 노인'의 사고방식과 크게 다르지 않은 경우다. 예전의 노인과 중장년 사이의 생각 차이보다 지금의 노인과 중장년 사이의 생각 차이가 작을까? 오히려 더 커졌다고 보는 게 맞을 것이다. 예전에는 변화의 속도가 가파르지 않았기에 격차가 크지 않았지만, 지금은 엄청나게 빠른 속도라서 젊은 세대들조차 적응하기 어려운 지경이니 당연히 그 차이가 더 커질 수밖에 없다. 그런데도 어설프게 스마트폰 쓰고 앱 사용할 줄 알며 인터넷을 사용할 줄 안다는 '알량한' 근거만으로 자신들이 디지털 세상에 잘 적응하고 있다고 착각한다. 그러면서 막상 식당이나 카페에 가서 키오스크가 있으면 짜증부터 낸다. 지갑은 넉넉한데 세상의 변화에는 적응하지 못하는, 경제력은 가졌지만 경제성은 없으며, 디지털에 입문은 했으나 진화하지 못하고 도돌이표에 갇힌 세대인 셈이다.

장수 경제를 해석하고 대안을 마련하는 방식은 다양할 것이다. 노동 활동을 통한 경제적 수익은 거의 없지만 연금과 저축 등으로 살아가는 데에 큰 어려움 없고 적당한 소비 생활을 즐길 수 있는 새로운 계층인 지금의(그리고 곧 거기에 진입할) 나이 든 세대들은 바람직한 어른, 본받고 싶은 어른으로서의 경제 활동을 수행해야 한다. 그 경제 활동이라는 게 수입보다 소비가 중심이 되었으니 거기에 초점을 맞춰 좋은 모범을 마련하면 그 또한 사회적 자산이 될 것이다. 그냥 아무 생각 없이 쓰는 게 아니라 나의 적극적이고 주체적인 경제 활동으로서의 소비가 사회에 어떤 선한 영향을 미칠까를 고려하는 어른이면 좋을 것이다. 지금 어른 세대가 그 시작점이라는 점에서 이들의 선택과 실천은 매우 중요한 사회적 의미를 가진다.

통계청의 발표대로 2017년 707만 명이던 고령 인구가 2025년에 1천만 명으로 증가하고, 2065년에는 1,827만 명에 이를 것이라는 충격적 수치를 들지 않더라도 우리는 이미 노령 인구 증가의 가속을 실감하고 있다. 특히 농어촌 지역에서는 60대가 가장 '어리고' 70대가 가장 많은 '주류'이며 심지어 80대도 자발적이거나 비자발적으로 노동하고 있는 게 현실이다. 고령 인구가 유소년 인구 대비 5.7배 수준까지 증가하는 것은 분명 끔찍한 일이다. 그걸 우리가 당장 해결하지는 못한다. 다만 그 문제를 완화시킬 수 있는 경제적 선택이 있다면 마땅히 그것을 실천해야 한다.

그런 점에서 '슬기로운 어른 경제'를 모색하는 좋은 사례를 만들어 보자. 나는 어른들 봉양했는데 자식들에게 그 대접 받지 못한다고 서러워하지 말자. 이미 누린 것만으로도 부모들보다 훨씬 나은 삶을 살았지 않은가? 심지어 자식들보다 더 빠른 경제적 성취를 이루고 살지 않았는가? 나는 집이라도 있지만, 자식들은 집 갖는 게 아직도 요원하다. 어른이 더 부자인 세상이다. 단지 월급 소득이 크게 줄었거나 사라졌을 뿐이다. 그러나 연금이 나오고, 정 급하면 내 집을 담보로 대출을 받아서라도 버틸 수 있다. 그것으로도 이미 족하다. 우리가 지금 소득을 올리는 경제 활동을 하지 못하기 때문에 경제적으로 크게 위축된 것처럼 느끼지만, 그것은 절대적 소득의 양에서 그런 것이지 실질적 소득과 소비의 관계를 따져 보면 체감하는 것과 상당히 다를 수 있다. 무엇보다 지출이 크게 줄었을 것이다. 예를 들어 자녀가 대학에 재학 중이라면 특별한 경우가 아니고서는 대부분 부모가 등록금을 지원할 것이다. 그 액수가 매년 1천만 원을 상회한다. 중고등학생 자녀가 있어도 사교육비가 만만치 않다. 양육하는 데에 들어가는 돈도 만만치 않다. 혼사라도 시키려면 아직도 우리나라에서는 꽤 많은 지출을 감내해야 한다. 그러니 그런 상황에서는 소득이 꽤 된다 하더라도 지출하는 금액이 워낙 커서 정작 내가 쓸 돈은 그리 많지 않다. 그러나 그런 '의무'에서 벗어나면 실제로 지출하는 금액은 크게 줄어들기 때문에 새롭고 슬기로운 소비 방식을 모색하는 것이 나이 든 세대가 해결해야 할 문제이다.

장수 경제의 핵심은 수입이 아니라 소비에 초점이 맞춰질 수밖에 없다. 그러나 안타깝게도 우리 사회에서는 아직 그 문제에 대한 구체적이고 실증적인 사례가 없다. 우리가 실질적으로는 처음이다. 하지만 그걸 우리가 만들면 된다. 잘 만들어야 한다. 그래야 나도 살고 다음 세대들에게도 도움이 된다. 장수 경제가 무조건 시니어 이코노미를 말하는 게 아니다. 새로운 유형의 경제 환경에 능동적으로, 선제적으로 대응함으로써 건강한 사회를 만들어 나가는 일이다. 장수 경제를 가볍게 생각할 게 아니다. 정책도 마련되어야 하겠지만 핵심은 우리가 어떻게 주체적으로, 그리고 선한 가치를 지향하는 방식으로 수행할 것인가의 문제이다. 결국 내 맘먹기에 달렸다. 새로운 시장에 걸맞은 대응이 어른의 몫이다. 나잇값을 하며 산다는 게 이제는 새로운 유형으로 바뀌고 진화했다. 그에 맞게 나잇값을 하며 살자.

장수 경제의 핵심은 나이 든 세대가 경제 생활에 주체적 존재가 된다는 시대적 현상이다. 문제는 단순한 소비의 주체가 아니라 선한 경제를 도모하고 추동하는 주체가 되느냐에 달렸다. 나이 든 세대의 소비가 개인의 문제를 넘어 사회적 원동력이 되는 중요한 전환점이 지금 우리에게 주어졌다.

먼 미래를 내다보고 판단하는

지혜를 가져라

20세기에 들어서도 미국에서 흑인에 대한 차별과 억압은 일상사였다. 선언적으로는 링컨의 노예 해방으로 해결된 것 같았지만 실질적 평등의 실현은 여전히 요원했다. 미국 사회에서 흑인은 인간 이하의 취급을 받았다. 식당에서 같이 밥을 먹을 수 없었고 버스에서도 분리된 자리에 앉아야 했다. 급기야 1930년대에 인디애나주 매리언에서는 불과 열아홉 살인 흑인 청년 두 명이 백인 여성을 강간했다는 죄를 뒤집어쓰고 백인들에게 살해된 채 나무에 매달렸다. 한 사진사가 그것을 찍었다. 그런데 놀랍게도 수많은 백인이 그 사진을 사기 위해 줄을 섰다. 수천 장의 사진이 팔려 나갔다. 그 사진을 구입한 백인들의 심정은 무엇이었을까? '버르장머리 없는 깜둥이'에 대한 경멸과 증오 그리고 응징에 대한 환호였다. 모두 그게 당연하다고 여겼다.

1960년대 들어 마침내 흑인들이 들고 일어났다. 더 이상 차별과 억압을 받아들이지 않겠다고 저항했다. 그들의 요구를 들어주었을까? 아니다. 인종 차별 철폐 운동을 이끌었던 마틴 루서 킹 주니어의 암살은 그 상징이었다. 그러나 1964년 끝내 시민법이 제정됨으로써 종지부를 찍었다. 적어도 법률적으로는 말이다. 그렇다면 매리언에서 무고한 흑인 청년 둘을 살해하고 나무에 매달고 환호했던, 그리고 그 고약한 사진을 줄지어 구입하며 짜릿해했던 백인들은 여전히 자랑스럽고 떳떳했을까? 물론 그 삐뚤어진 생각으로 삶을 마감한 자들도 있었겠지만, 지금은 그런 의사를 표현만 해도 처벌받는 세상이 되었다. 도대체 과거에는 용인되던 일이 왜 지금은 불법으로 간주되는가?

평생 여성의 투표권과 피임의 권리를 위해 투쟁했던 사회활동가 마거릿 생어는 1916년 피임 클리닉을 열었다는 이유로 체포되었다. 그러나 끝내 그녀는 포기하지 않았고, 오랜 친구이자 막대한 유산을 상속받은 여성 참정권 운동가 캐서린 매코믹의 도움을 받아, 내분비 과학자 그레고리 핑커스 박사의 연구를 지원하여 피임약을 개발했다. 그러나 당시 피임약을 제공하는 것은 불법이었다. 어렵사리 피임약 에노비드의 미국식품의약국[FDA] 승인을 얻은 게 1957년이었다. 물론 임신을 방지하는 피임이 아니라 '월경 조절'이라는 용도로 국한했지만 말이다. 여전히 19세기에 제정된 낡은 법을 고수했기 때문이었다. 피임은 현재 불법인가? 수많은 매체에서 20세기 가장 위대한 발명 가운데 하나가 바로 여성 해방을 가능하게 만든 피임약의 출현이라고 입을 모으는 것은 무슨 의미인가?

미국에서 1974년 평등신용거래법이 제정될 때까지 여성은 가족 중 남자의 허락이 있어야만 은행에서 계좌를 개설할 수 있었다. 상상이나 되는가? 유서 깊다는 보스턴 마라톤에서 여성의 참가가 허용된 것은 1972년이었다. 이런 일들은 비일비재하다. 심지어 수많은 학교에서 학생들에게 자위는 죄악이라고 가르쳤다. 죄 아닌 것을 죄로 규정해 억압했다. 지금 생각해 보면 말도 되지 않는 일이다. 그러나 그 당시에는 그것이 절대적이며 지켜 내야 할 지고지선한 가치라고 여겼기에 고수했다. 하지만 시간이 지나면서 그것의 허위가 드러나고 철옹성 같던 벽이 하나씩 둘씩 무너져갔다. 그것이 인류 문명의 발전 과정이다.

한국에서는 1980년대까지만 해도 여성이 결혼하면 반드시 퇴사해야 한다는 규정이 있는 회사가 많았다. 여성의 승진은 하늘의 별 따기였다. 은행에서 대리가 되는 것조차 불허했다. 여성 최초의 대리 승진은 1970년대 후반에야 겨우 가능해졌다. 오늘날은 상상조차 못 할 일들이 태연하게 벌어졌다. 그것을 비판하고 개선을 요구한 남성들이 과연 얼마나 있었을까? 자각하지 못한 사람들이 더 많았고, 심지어 여자 팔자는 뒤웅박 팔자라며 직장에서는 커피 심부름 또는 복사 등의 단순노동이나 하는, 커리어 우먼이 아니라 캐리어 우먼이기를 강요했다. 그러니까 당시의 그런 남성들은 여성에 대한 가해자였거나 가해에 대한 방관자였던 셈이다. 그걸 부끄러워했을까? 오히려 그걸 비판하는 동료 남성을 욕하고 핍박했다.

멀리 갈 것도 없이 지난 반세기만 짚어 봐도 무지와 편견, 폭력과 왜곡은 일상사였다. 돌아보면 낯 뜨거운 일들이 부지기수이다. 이젠 그런 부끄러운 선택은 피해야 한다. 좋은 삶의 마무리는 그래야 한다. 적어도 10년 뒤에 나의 선택이 최상이었으며 나의 행동이 아름다운 것이었다고 할 수 있는지를 가늠해 봐야 한다. 그런 구체적 사례가 무엇이 있을까?

차별금지법은 여전히 대한민국의 아픈 손가락이다. 법제화를 시도한 지 벌써 20년 가까이 지났지만, 여전히 제자리걸음이거나 심지어 뒷걸음질 치고 있다. 심지어 약자의 인권을 보호하는 것이 최우선적 과제인 국가인권위원회조차 이 문제를 경원시한다. 정치적이건 종교적이건 위원장 또는 위원 한 사람의 소신이 조직 전체의 의견을 무시하는 식이다. 종교적 신념 또한 강력하게 작동한다. 그들은 차별금지법에 대해 경기를 일으킨다. 과연 그것이 올바른 종교적 신념이고 신학적 타당성에 근거한 것인지, 또한 그것이 시대정신에 부합하는 것인지는 뜻밖에도 무관심이다. 오히려 그것을 정치적 의제로 삼아 자신들의 세력화를 위한 무기로 사용한다. 그럴 수 있다. 누구나 신념을 갖는 것이니까. 그러나 지금 세계에서는 동성애자가 대통령이나 수상이 되는 일이 더 이상 화제가 아니다. 국회의원이나 장관은 말할 것도 없다.

그들이라고 처음부터 그랬을까? 펄펄 뛰었다. 정치인들도 감히 커밍아웃은 꿈도 꾸지 못했다. 곧바로 자신의 정치생명이 끝날 거라는 걸 알았기 때문이다. 많은 사람이 동경하고 선망하는 애플의 팀 쿡을 비롯한 수많은 기업의 최고 경영자 또한 동성애자들이 제법 된다. 그들이 동성애자라는 이유로 그 자리에서 끌어내려졌는가? 미국에서도 에이즈^{AIDS}가 심각했을 때 동성애자들이 수많은 비난과 압박을 받았다. 그러나 지금도 그러한가? 동성애자들이 살인이나 강도 등의 반사회적이고 누군가에게 직접적인 피해를 끼치는 범죄를 저질렀는가? 생식과 출산을 하지 않아서 반사회적인가? 지금 우리는 출산율 감소에 민감하지만 전 세계는 여전히 인구 증가로 몸살을 앓고 있다.

유럽이나 오스트레일리아 등에서 더 이상 성소수자 문제는 이슈가 되지 않는다. 미국에서도 보수 세력과 복음주의 교회를 제외하고는 관대하다. 그러나 우리는 퀴어 퍼레이드조차 허락하지 않는다. 그들을 사회악처럼 몰아간다. 그 갈등이 벌어지던 날 주한 미국 대사관에는 무지개 깃발이 걸렸다. 성소수자의 권리를 옹호한다는 의미였다. 컴퓨터의 아버지로 일컬어지며 제2차 세계 대전에서 연합국의 승리에 결정적 공헌을 한 앨런 튜링은 1952년 동성애로 유죄 판결을 받고 감옥에 가는 대신 강압적인 화학적 의료 처방을 받은 뒤 자살했다. 그가 죽은 지 50여 년이 지난 뒤 영국은 의회, 정부, 왕실 등에서 그 문제에 대해 사죄했고, 50파운드 신권에 그의 초상화를 담았다. 차별금지법을 강력하게 반대하는 사람들은 영국에 갔을 때 그 지폐 사용을 꺼릴까? 우리는 유럽에 50년 뒤처져 살아야 하는가? 우리의 성소수자에 대한 비판이 타당하다면 왜 유럽이나 미국 사회의 태도에 대해서는 입을 다무는가? 당신의 자녀가 성소수자라면 부모로서 당신은 어떻게 할 것인가?

흑인과 여성을 차별하는 게 당연하다고 느꼈던 사람들은 그 이후에도 여전히 같은 생각으로 살았을까? 그게 부당하고 정의롭지 않다는 사실을 깨달았을 때 얼마나 부끄럽고 미안했을까? 이건 비단 인종이나 성별 그리고 성소수자 등의 문제에 국한하지 않는다. 우리는 그리스 재정 위기가 이슈로 다뤄질 때 그리스가 복지에 지나치게 많은 돈을 퍼부어 경제 위기를 자초했다고 진단하곤 했다. 그러나 그리스는 유럽에서 복지 수준이 매우 낮은 국가군에 속한다. 위기의 가장 큰 요인은 유로화 통일에 따른 통화 가치 팽창의 위험을 경제학자나 정치인들이 제대로 경고하지 않고 그 거품에 빨대를 꽂아 자신들의 이익을 극대화했던 데에 있다. 만약 그들이 10년 후 그리스의 미래를 가능했다면 통화 가치 팽창으로 인한 국부의 증가를 미래와 국력 증강을 위한 교육과 사회 간접 자본 등에 투자했어야 했다. 그러나 우리나라에서 그걸 지적하는 언론이나 학자는 별로 없었다. 그래서 여전히 복지 비율이 증가할 때마다 걸핏하면 그리스나 베네수엘라를 들먹인다. 그 나라가 어떤 결정을 할 때 10년 후를 깊이 고려했다면 과연 어떤 결과를 만날 수 있었을까를 따져 보는 것은 훌륭한 타산지석일 수 있다. 그러나 그것조차 외면했다.

역사는 때론 천천히 발전하고 때론 빠르게 변화한다. 심지어 퇴보하는 경우도 있다. 그럼에도 불구하고 사회가 바뀌고 시대정신이 변화하며 인간의 지성 또한 진보한다. 그것은 필연이다. 어제는 죄였지만 오늘은 그렇지 않은 일들이 허다하다. 어떤 문제에 대해 결사적으로 반대하는 건 신념이지만 그것이 시대착오적일 수 있다는 점은 늘 염두에 둬야 한다. 굳어진 사고에 익숙해진 나이 든 세대가 그런 변화에 선제적일 때 그 사회는 훨씬 더 역동적으로 진화한다. 그러니 적어도 나의 결정이 10년 뒤에 어떻게 평가받을까에 대해 고민해 보는 어른이 많아졌으면 좋겠다. 디딤돌이 되지 못할망정 걸림돌은 되지 말아야 한다.

역사를 통해 배워야 할 교훈은 과거의 잘못을 되풀이하지 말

아야 한다는 점이다. 어제의 진리도 오늘은 허위로 바뀔 수 있다. 그걸 염두에 두면 막무가내로 나의 신념을 고수하고 강요하는 건 피할 수 있다.

현명하게 관계 맺는 어른이 된다는 것

· 2장 ·

좋은 영화나 시 한 편으로도 충분히 대화할 수 있다

종종 광화문 시네큐브 영화관에 가서 상영 시간이 가장 가까운 영화 티켓을 구매한다. 물론 인터넷으로 예매하는 것이 훨씬 더 편리하고 시간도 아낄 수 있지만, 이상하게도 그 영화관에 가는 나의 방식은 가서 '아무 영화나' 한 편 골라 보는 것이다. 기대하지 않았고, 심지어 어떤 내용인지도 전혀 모르는 채 보는 경우도 있지만 실패할 확률은 생각보다 낮다. 그렇게 보게 된 영화 가운데 〈아무르〉가 있다. 2012년 칸영화제 황금종려상을 수상한 작품답게 구성이 촘촘하고 서사의 전개가 담백하면서도 튼실했다.

영화의 주인공은 80대 중산층 노부부 조르주와 안느이다. 어느 날, 안느가 경동맥 이상으로 반신불수가 되고 치매까지 시작되면서 평온한 노년의 삶은 무너지기 시작한다. 조르주는 안느를 직접 간병하지만 병세는 악화한다. 시간이 흐를수록 육체뿐 아니라 정신적으로도 모든 순간이 버겁고 고통스럽다. 무엇보다 존재와 삶의 존엄성이 사라는 것만 같아 더 안타깝기만 하다. 그렇게 치열하지만 무기력한 삶이 반복되면서 두 사람은 허물어져만 간다. 그러던 어느 날 안느에게 옛날 이야기를 들려주던 남편 조르주가 갑자기 베개로 안느의 얼굴을 덮어 질식사시킨다. 조르주는 사랑을 저버린 것일까, 아니면 안느의 마지막 존엄성과 사랑을 위해 살인을 한 것일까? 삶의 끝은 죽음이다. 삶이 끝까지 고귀하려면 죽음 또한 그래야 한다. 어떤 의미를 부여해도 죽음은 당사자에게도 남은 이에게도 감당하기 힘든 폭력이다. 그런데 거기에 아무런 저항도 못 하고 힘도 의식도 갖지 못한 인간에게 고귀한 생명 운운하며 강요하는 것은 과연 타당한 것일까? 누구나 늙고 병들고 죽는다. 다만 그것에 대한 저항이 오래 살겠다는 본능적 욕망이 아니라 내 삶의 존엄성을 최대한 마련하겠다는 저항일 때 과연 우리는 어떠한 선택을 해야 할 것인가?

  엔딩 크레딧이 뜰 때까지 자리에서 일어나지 못했다. 영화는 내내 두 사람을 좁은 공간에서 지켜보는 것이 거의 전부라 해도 과언은 아니었다. 자칫 답답하고 지루하게 느껴질 수도 있겠지만, 감독은 우리에게 그런 해이함을 허용하지 않을 만큼 꼼꼼하고 치열하게 서사를 풀어 갔다. 집으로 돌아오는 버스 안에서 많은 생각을 했다. 영화 한 편이 삶과 사랑, 사람에 대한 깊은 성찰을 이끌어 낼 것이라고는 영화를 보기 전에는 짐작도 하지 못했다. 영화의 여운이 꽤 오래 갔다.

출근해서 매일 보는 직장 동료 사이 혹은 월례회처럼 기한과 빈도를 정해 두고 만나는 경우가 아니고서는 친구라고 해서 자주 만나는 건 아니다. 때론 일 년에 기껏해야 한두 번 만나거나 서너 달에 한 번 전화로 안부를 주고받는 경우가 흔하다. 그런 친구에게 전화해서 안부를 묻고 덕담을 주고받으며 그 영화 꼭 보라고 일렀다. 그리고 열흘쯤 뒤에 그에게서 문자 메시지가 도착했다. "죽음이 아니라 삶을 응시하게 하는 메시지에 움찔할 수밖에 없게 만드네. 사랑은 사라지거나 시드는 게 아니라 끝까지 보듬으며 간직하는 것이라는 것도." 그런 영화를 소개해 줘서 고맙다는 인사도 빠뜨리지 않았다. 그러면서 틈틈이 좋은 영화나 책, 음악을 소개해 달라고 덧붙였다. 나는 그렇게 반응하는 친구가 있다는 것만으로도 행복했다. 그 친구와는 예전 프랑스 문화원이 사간동에 있을 때 자주 영화를 보러 갔던 경험이 있어서 더 그랬을 것이다. 영어 자막도 없는 프랑스 영화가 많아 프랑스어를 전혀 모르는 우리는 갑갑했지만, 묘하게도 영화에 빠져들었던 시절을 가끔 회상하며 즐거워했다. 그 시절이 떠올라 영화 보고 나서 사간동까지 걸어갔다는 말에 마치 스무 살로 환생한 것처럼 심장이 뛰었다.

대학 다닐 때 스터디 그룹을 만들어 고전과 문제작들을 함께 읽고 토론했던 기억이 떠올랐다. 그때는 이상이 하늘을 찌를 기세였다. 하지만 현실 감각은 서툴렀고 실천은 아득했다. 그리고 그렇게 모여 공부하고 토론하던 친구들도 살아가면서 그 이상의 끈을 놓고 각자 맞닥뜨린 현실과 싸우고 적당히 타협하며 그 경험조차 기억에 묻어 버리며 살았다. 사는 게 바쁘고 현실은 차디찼기에 싱싱했던 시절은 꿈결처럼 사라졌다. 정신없이 바쁜 현실 속에서 한가한 담론은 무익하게만 여겼다. 그렇게 우리는 각자의 이상과 꿈으로부터 추방되었다. 현실 감각이 이상과 감성을 물리쳤고, 그래야 살아남는 줄 알았다. 그러나 그건 나의 게으름에 대한 변명일 뿐 사실은 충분히 그리고 능히 함께할 수 있었던 것인데, 그게 무익하다고 여기며 자신을 합리화한 것이었을 뿐이다. 그 시절을 건너오면서 느낀 것은 꿈과 이상과 감성이 현실로 구현할 수 없는 것이라는 좌절과 빛의 속도로 체념하는 게 좋다는 변명이었다. 이상은 있지만 현실적 수단이 갖춰지지 않은 상태에서는 그게 무엇이든 아득하게 느껴지는 게 당연한 일이다. 그러나 나이 들어가면서 정작 그것들의 일부를 실행할 수 있는 조건들이 하나둘 갖춰지고 있는지도 몰랐다. 나이 드는 건 그냥 열정이 사위는 과정이 아니라 열정을 현실로 만들 수 있는 능력이 하나둘 생겨나는 것이기도 한데 이를 애써 외면했다.

내 소개로 그 영화를 본 친구는 가끔 자신이 읽은 시집의 시 한 편을 사진으로 찍어 보낸다. 그렇게 우리는 시를 회복했다. 시 한 편

읽은 날과 그렇지 않은 날의 밀도가 다르다는 것을 제대로 실감하는 나이가 되었다며 말이다. 젊었을 때 시를 읽은 나와 지긋하게 나이 들어 시를 읽는 나는 무엇이 다를까?

    유리창에 먼지가 엉겨 붙어 있다
    빗방울 후두들기고 간 자리다

    (······)

    붙어 있던 살점 다 어디로 가고
    어느 창에 붙어 흐려지려나
    오래전 물방울의 글썽임을
    증명하고 있는 뼛가루

그 친구가 보내온 손택수 시인의 〈물의 뼈〉[11]라는 시이다. 긴 장마 끝나고 뜨거운 태양이 세상을 달구던 한여름 그가 보내 준 시를 읽으며 창문을 보는 느낌은 분명 여느 때와는 전혀 달랐다. 그렇게 시 한

---

11 《붉은빛이 여전합니까》, 손택수 지음, 2020, 창비.

편, 한 구절이 생각과 느낌을 농밀하게 만들어 줄 수 있다는 건 얼마나 고마운 일인가?

집마다 신문을 구독하던 시절이 있었다. 공중파 TV와 신문이 거의 유일한 정보 채널이었으니 정보에 목마른 이들은 누구나 신문을 읽었다. 놀랍게도 당시 신문에는 어딘가에 짧은 시 한 수가 게재되어 있었다. 더 놀라운 건 그 짧은 시도 읽는 이들이 별로 없었다는 사실이다. 학교에서는 시험 때문에 시를 배우고 분석하며 해석하는 지식으로만 접근했으며, 정작 시가 가진 언어의 아름다움이나 경이로움은 뒷전이었으니, 시 정신 따위는 제대로 느낄 수 없는 게 당연했다. 당시 나는 휴대 전화로 그 구절을 사진으로 찍어 가까운 이들에게 보냈는데, 받는 이들마다 거의 예외 없이 즐거워하며 고맙다는 답장을 보냈던 것을 기억한다. 시와 멀어져 있었을 뿐 시를 외면하거나 시의 멋을 전혀 모르는 건 아니었기 때문에 가능한 일이었다.

어른 역할 하는 게 생각보다 어려운 게 아닐 수 있다. 간섭과 참견을 하는 대신 함께 시 한 편 읽을 수 있는 기회를 공유하는 것만으로도 능히 공감할 수 있는 계기를 만들 수 있다. 그러려면 예전보다 시간이 많은 어른이 평소에 책도 읽고 시도 만나는 기회를 많이 만들어야 한다. 품위 있는 어른, 그리 어려운 일 아니다.

일상이 바빠서, 삶이 각박해서 시 한 편 못 읽었던 시절을 되짚어 보며 이제는 느긋하게 한 편의 시를 읽고 음미하며 살자. 시 한 편 읽은 날의 밀도가 어떻게 달라지는지 직접 느껴 보자.

책의 가치를 발견하고 보여 주는

어른이 된다는 것

영상의 시대이다. 영상으로 거의 모든 지식과 정보를 얻을 수 있다. 한 권의 책보다 유튜브 영상 한 편이 훨씬 더 편하고 직관적이다. 대표적인 사례로 요리 영상과 책을 들 수 있다. 예전에는 결혼할 때 집에 요리책 한 권은 반드시 구비해 두었다. 다양한 음식을 제대로 요리해서 먹기 위해서는 레시피를 알아야 한다. 그래서 요리하는 방법을 알려 주는 책은 주방의 필수 서적이었다. 그러나 요즘은 집에 요리책이 있는 경우가 거의 없다. 유튜브만 찾아도 쉽게 요리 방법을 알 수 있다. 책의 경우 아무리 사진 등 보조 자료가 많아도 글을 읽어야 하고 기호인 글자의 뜻에 따라 용량을 가늠해야 하는 등 번거롭기 짝이 없다. 그러나 유튜브에서는 일류 요리사들이 실제로 만드는 모습을 보여 주기 때문에 직관적으로 이해할 수 있고 쉽게 따라 할 수 있다. 더 이상 요리책이 필요 없으니 책을 살 까닭이 없게 된 것이다.

　글을 읽는다는 건 번거로운 일이다. 글자를 익혀야 하고 기호인 글자를 해독해야 한다. 이것만 해도 피곤하다. 예전에는 글을 통해 얻을 수 있는 지식과 정보가 거의 절대적이고 유일에 가까웠으니 어쩔 수 없이 따라야 했다. 물론 어느 정도 익숙해지면 글을 읽는다는 게 그리 어려운 건 아니지만 여전히 직관적인 것은 아니다. 각 기호의 조합인 글자의 뜻을 안다는 건 그 내용을 내 머릿속에서 그림으로 그려 내는 것이다. 문장을 이해한다는 건 바로 그렇게 그림을 그려 낼 수 있다는 의미와 동일하다. 번거롭기도 하고 에너지가 소비된다. 그래도 그것이 최상의 방식이었다. 대안이 없었다.

　그러나 디지털 시대는 그 장벽을 한꺼번에 허물었다. 모든 것을 영상으로 전달하고 소비할 수 있는 세상이 된 것이다. 많은 시간과 공력을 들여 한 권의 책을 읽는 것보다 전문가가 그 책에 대해 한 시간쯤 설명해 주는 게 귀에 쏙쏙 들어오고 핵심을 파악할 수 있다고 여긴다. 그게 나쁘다는 게 아니다. 그건 우리 시대가 주는 선물이다. 그걸 외면하는 건 바보짓이다. 그러나 거기에만 함몰되어 글을 외면하고 책을 회피하는 건 더 위험하고 어리석은 짓이다. 무엇보다 영상은 상상력을 제한한다. 그것은 이미 감독이나 연출자가 해석한 것이고 배우도 해석에 개입한다. 나는 수동적 수용자가 된다. 영상은 직관적이지만 기호인 문자는 그것을 내가 받아들이는 과정에서 무한한 상상력과 논리적 분석이 가능하다. 이것은 결코 가벼운 것이 아니다.

　이미 일상에 깊숙이 들어온 영상 매체를 멀리하라는 게 아니다. 영상은 주어진 상(像)에 갇힌다. 또 제공자의 속도를 따라갈 수밖에 없다. 그에 반해 문자는 상에 갇히지 않고 나의 모든 경험과 상상이 동원되어 '나의 그림'을 그려 낸다. 그리고 속도를 내가 정한다는 점에서 매우 주체적이다. 모르거나 어려우면 천천히 읽게 되고 익히 알고 있거나 충분히 추론 가능한 문장은 건너뛰거나 빠르게 읽는다. 그 결정은 오로지 나에게 달렸다. 콘텐츠 '생산자'뿐 아니라 주체적인 '소비자'가 되기 위해서는 내가 모든 사유와 상상의 주인이 되어야 한다.

　글을 읽는 일은 나이 든 세대에게는 정적인 동시에 동적인 활동이다. 뇌가 적극적으로 움직이는 활동이기 때문이다. 따라서 이들이 가장 두려워하는 치매를 예방하는 데에도 유익할 것이다. 무엇보다 글을 읽으면서 차분히 생각하고 머릿속에 무언가를 그려 볼 수 있는 활동을 하는 것은 정신 건강뿐 아니라 신체 건강에도 좋다. 게다가 손녀 손자에게 할머니 할아버지가 독서하는 모습을 보여 주는 것 자체만으로도 좋은 교육이 될 것이다. 나는 읽지 않으면서 손녀 손자에게 글과 책을 읽으라고 하는 건 이율배반이다. 책 읽는 할머니, 할아버지가 그렇지 않은 조부모보다 아름답고 친근한 모습이다. 좋은 본을 보여 주는 어른이 되는 것이야말로 어른이 추구해야 할 가장 중요하고 가치 있는 일이 아닐까?

마음으로는 김장하 선생처럼 되고 싶지만, 현실은 그분의 백 분의 일도 따라가기 어렵다. 한 가지 너끈히 따라 할 수 있는 게 있다. 그분은 늘 책을 가까이 두고 틈틈이 읽는다. 그건 돈의 문제가 아니다. 마음만 먹으면 언제든 할 수 있다. 나는 김장하 선생의 인생 철학을 형성한 가장 큰 틀 가운데 하나가 그분의 독서였다고 믿는다. 그분의 다큐멘터리를 보면서 나는 그게 가장 크게 눈에 띄었고 가슴에 와닿았다. 진주에 가면 진주문고라는 귀한 서점이 있다. 거기에도 김장하 선생의 손길이 닿아 있다. 나는 진주문고가 진주의 알짜배기 힘이라고 믿는다. 불행히도 많은 곳에서 서점이 사라지고 있다. 서울에도 제대로 된 서점이 없는 동(洞)이 삼 분의 일을 넘었다고 한다. 갈수록 줄어들 것이다. 동네 서점 살리는 힘이 어른에게 나왔으면 좋겠다.

지금 대한민국의 독서 생태계는 크게 붕괴되었다. 독서 인구가 크게 줄었다. 최근 10년 간 국민 독서율은 언급하기 창피할 정도까지 곤두박질쳤다. 2023년 '국민독서실태조사'는 성인 독서율이 43퍼센트로 하락했다고 구체적으로 지적했다. 2013년도에 종합 독서율이 72.2퍼센트였던 것과 비교해 보면 거의 절반가량 되는 하락률이다. 주목할 점은 60대 이상 연령대의 독서율은 지난 4년 사이에 절반 넘게 하락했다는 사실이다. 2019년에 32.4퍼센트였던 것이 2023년에는 고작 15.7퍼센트로 크게 줄었다. 소득에 따른 독서 양극화도 심각한 수준에 도달해서 월수입이 200만 원 미만 가구의 독서율은 고작 9.8퍼센트에 불과한 반면, 500만 원 이상의 경우는 54.7퍼센트에 달한다. 이러한 양상은 양극화를 심화시킬 것이 자명하다. 하물며 청년 세대의 독서 위축 현상은 말할 것도 없다. 최근 서울국제도서전에 청년들이 몰려들어 이른바 '텍스트힙' 열풍이 일었지만, 일시적이거나 국지적이라는 점은 여전하다. 2024년 한강 작가의 노벨문학상 수상이 독서 열풍을 일으키기도 했지만, 수상 작가에게만 쏠린 관심이 문학계 전반으로 확산되는 계기가 될지는 좀 더 지켜봐야 할 것이다.

독서는 공공의 기억이기도 하다는 점에서 중요하다. 나이 든 세대의 독서율이 대략 15퍼센트쯤이라고 한다. 이들 일곱 명 가운데 한 명만 독서하는 현실의 문제는 무엇일까? 이처럼 독서율이 줄어든 까닭은 크게 세 가지쯤 꼽을 수 있을 듯하다. 첫째, 책을 읽는 습관이 없었기 때문이다. 학창시절에도 교과서 외에는 별로 읽은 적 없고 사회생활에서도 필요한 실용서 겨우 읽은 게 거의 전부인 사람들이 꽤 많다. 그러니 읽는 게 몸에 배지 않았다. 둘째, 이제는 딱히 책 읽어서 얻는 실용적인 목적이 없다고 느끼기 때문일 것이다. 책 읽는 목적이 희석된 것이다. 셋째, 경제적 여유가 없고 책값이 비싸다고 느끼기 때문에 멀리한다. 누군가 몇 년 공들여 조사하고 연구하거나 수많은 시간 사유하여 만들어 낸 것을 커피 몇 잔 값으로 내 것으로 만들 수 있을 뿐 아니라 읽어서 얻는 결실은 몇 상자의 과일값이 될지도 모르는데도 나의 주머니가 얄팍하다고 느끼면 문화비 지출부터 줄인다. 그 가운데 책값을 최우선적으로 줄인다. 그래서 경제적 여유가 없는 시니어들은 아예 책을 멀리한다. 아무래도 돈에 대한 부담이 없을 수 없다.

그런 이들에게 가장 좋은 방법은 가까운 도서관에 가는 것이다. 환경도 쾌적하고 다양한 책들이 있으며 정기 간행물까지 다 갖췄다. 무슨 책이 있는지 둘러보면서 마음에 드는 책 찾으면 열람실에서 읽을 수 있고 대출해서 집에 가지고 가서 읽을 수도 있다. 어떤 시민들은 나이 든 이들이 도서관을 점령하고 있는 게 불편하다고 불평하기도 하지만, 그건 도서관이 학생들의 전유물이어야 한다는 그릇된 생각에 불과하다. 도서관에서 조용히 책 읽고 있는 어른의 모습은 오히려 보기 아름답고 본받고 싶은 모델이 된다. 그 자체만으로도 존재의 의미를 느낄 수 있다. 그러니 마다할 게 전혀 아니다. 도서관에서는 책뿐 아니라 다양하고 유익한 강의를 비롯해 많은 문화 행사도 개최한다. 그러니 가까운 도서관을 마음껏 이용하시라. 그렇게 독서 근육이 생기면 서점에 가서 꼭 사서 읽고 싶은 책을 골라 구매하는 방향으로 진화하면 된다.

얼마 전 시민 인문학 공동체를 운영하는 대표를 만나 이런저런 이야기를 나누던 중 시니어 독서 프로젝트에 대한 주제가 나왔다. 그는 앞으로 모든 지역에 있는 경로당에 작은 도서관을 만드는 원대한 꿈을 내놓았다. 주민들이 기증한 책과 함께하면 제법 튼실한 도서관을 마련할 수 있을 것이다. 처음에 책과 친해지는 게 낯설 뿐이지 일단 경험하면 꽤 파급 효과가 클 것이다. 우리가 그 본보기를 만들면 된다. 책 읽는 어른의 모습을 보여 주는 것만으로도 멋진 어른의 표상이 될 수 있다는 건 꽤 매력적이지 않은가? 모여서 할아버지들은 장기나 바둑 두고 할머니들은 화투 놀이나 하고 있는 전형적인 경로당의 모습을 하나씩 바꿔 갈 수 있다. 그것은 권리인 동시에 의무이기도 하다. 책 읽은 어른은 지식 자랑을 하는 게 아니라 지혜를 깨닫고 깊이 생각할 줄 알기에 건강한 여론을 형성하고 여력의 에너지를 공동체를 위해 좋은 방향으로 결집하여 행동할 수 있다는 점에서도 매우 유익할 것이다.

〈어른 김장하〉라는 영화를 직접 관람하거나 TV를 통해 접했던 많은 사람이 하나 같이 '진짜 존경할 어른'의 모습에 감동했다. 그의 삶 속에서 주목하는 부분은 각기 다르겠지만, 앞서 말했다시피 나는 특히 그분이 늘 책을 곁에 두고 있다는 사실에 눈길이 끌렸다. 그건 장식용 책이 아니라 늘 곁에 두고 읽는 책이기에 더욱 그랬다. 어쩌면 그의 삶과 이상을 일관되게 지속할 수 있게 한 힘이 바로 책 읽는 습관에서 온 것인지 모른다.

당신은 가난한 집에 태어나 중학교까지밖에 다니지 못했지만, 삼

천포의 한 한약방에서 점원으로 성실하게 일하면서 틈틈이 책 읽으며 공부해서 1962년, 약 100대 1의 경쟁률을 뚫고 전국 최연소 한약업사 시험에 합격했다. 책이 자신의 삶을 바꿨다는 걸 경험했기 때문에 그게 얼마나 소중하고 가치 있는 것인지 실감했을 것이다. 그 뒤 한약방을 운영했고 많은 돈을 벌었지만 자기 자신을 위해 쓰지 않고 다음 세대를 위해 기꺼이 내놓았다. 그 대표적인 경우가 1983년에 큰돈을 들여 만든 명신고등학교이다. 중학교까지밖에 다니지 못한 사람이 학교를 지은 것은 단순히 채워지지 않은 자신의 욕망을 실현하기 위해서는 아니었을 것이다. 오히려 자신처럼 가난 때문에 제대로 배우지 못하는 청소년들에게 희망을 주고 자신의 삶을 더 나은 방향으로 이끌어 갈 수 있는 기회를 만들어 주기 위한 결단이었을 것이다. 학교를 세운다는 건 소명이 없으면 거의 불가능한 일이다. 물론 요즘에는 사학을 개인 재산으로 여기는 이들이 많지만, 그런 경우조차 처음 학교를 설립한 목적은 고결했을 것이다. 학교는 기업과 달리 돈이 나오는 곳이 아니라 계속해서 돈이 들어가는 곳이다. 이재에 밝은 사람이라면 결코 하지 못할 선택이었다. 김장하 선생은 엄청난 돈을 학교에 쏟아부었고, 학생들에게 더 많은 혜택의 장학금을 마련했다. 중졸의 한약방 주인은 아낌없이 학교에 자신의 모든 것을 바쳤다.

그러나 어느 정도 학교가 자리를 잡자 1991년에 남성학숙재단 이사장이던 김장하는 당시 100억 상당의 사재가 들어간 학교를 전부 국가에 헌납하여 공립 학교로 전환시켰다. 아무런 조건도 달지 않고 국가에 헌납했다. 그런 사례는 전무후무하다. 그는 학생들의 자율성과 개성, 그리고 창의성을 존중하여 '교복 없는 학교'로 만들었다 (그러나 공립으로 전환된 이후 매년 신입생이 입학할 때마다 문제가 제기되어 결국 2013년부터 교복을 입게 되었다).

그는 장학 사업에도 많은 돈을 썼다. 그 혜택으로 대학에 진학하여 성공한 이들이 많다. 그러나 그는 성공이 높은 직책에 오르는 것이 아니라 올바른 시민, 건강한 중간층이 되는 것이라며 장학금을 받고도 사회적으로 성공하지 못해 미안함을 갖고 있는 제자들에게 오히려 잘 커 줘서 고맙다며 응원했다. 김장하의 지원을 받아 열심히 공부한 대표적 인물이 내란을 일으킨 윤석열 대통령을 파면시킨 헌법재판소의 문형배 재판관이다. 문형배 전 재판관은 하동의 가난한 농가에서 태어나 학비를 마련할 수 없어 자칫 학업을 포기할 수도 있었지만, 김장하 장학금을 받아 학업을 이어갈 수 있었다. 그는 명신고등학교 출신이 아닌 진주 대아고등학교 출신이었다. 김장하 선생은 여러 어려운 학생들에게 고루 혜택을 준 것이다. 그 덕에 문형배는 서울대학교 법학과에 진학할 수 있었고 사법 고시에 합격해 판사로 임관되어 사회적 약자를 보호하는 데에 집중하는 많은 판결을 내렸다. 그의 품성에 김장하 선생의 가르침이 깃들었기 때문에 더더욱 그랬을 것이다. 문형배 전 재판관은 인사청문회에서 "김장하 선생님

이 안 계셨다면 저는 판사가 될 수 없었습니다."라며 감사 인사를 표했다. 김장하 선생은 단순히 돈을 준 게 아니라 사회를 바라보는 철학과 인간이 갖춰야 할 기품을 함께 전해 주었다. 문형배의 공적인 감사 인사에 대해 선생은 "나에게 고마워하지 말고 사회에 갚아라."라는 말을 남겼다. 두 사람의 관계는 감동 그 자체였고 사회는 두 사람에게 많은 은혜를 받은 셈이다. 그래서 어떤 이는 이렇게 평가했다. "김장하는 묵묵히 베풀었고, 문형배는 그 은혜를 법과 정의로 되갚았다." 내가 직접 경험한 게 아니라서 장담할 수는 없지만, 김장하 장학생들은 모두 책을 가까이하며 살 것이라 믿는다. 인생의 선배이자 은인이 책과 가까이 지내는 걸 보았으니 그 귀감을 품었을 것은 아마 자연스러운 일일 것이다. 김장하 선생이 장학 사업을 하고 학교를 세우기 전에도 다양한 문화 운동이나 선양 활동을 했던 것도 책을 통해 세상을 읽으면서 굳힌 가치관에서 비롯되었다고 믿는다. 이제 우리도 그분을 마냥 존경만 할 게 아니라 그분처럼 책을 가까이하고 글을 가까이하는 것부터 실천하면 좋겠다. 선생의 백 분의 일만 따라 해도 어른 노릇 할 수 있다. 책 읽는 일에 충실하면 그 열 배는 할 수 있는 셈이다. 어려운 일도 아니다.

    책을 읽어서 얻는 또 다른 이익은 섬세한 사유, 다양한 감각, 풍부한 정서를 배양할 수 있다는 점에 있다. 갈수록 문장이 짧아지고 축약어가 난무한다. 언어의 경제성과 디지털 환경의 속도가 필연적으로 초래하는 현상이다. 그걸 막을 수는 없다. 다만 그러한 언어 소비는 상상력을 위축시키고 사유를 빈곤하게 한다는 점에서 좋은 미래가치를 키우는 데에 장애가 된다는 점은 경계해야 한다. 대부분 영상 미디어는 글이 아니라 말이다. 말은 짧을 수밖에 없다. 한 사람이 생산하고 소비하는 문장의 길이가 사유의 길이를 결정한다는 점은 중요하다. 그래서 일부러라도 글에 익숙해야 한다. 독서의 장점 가운데 하나가 바로 그것이다. 또 글은 매우 다양한 언어를 동원해야 하는 까닭에 섬세하고 다양한 사유와 감각을 증강시킨다. 말에서는 부사나 형용사의 사용이 급감한다. 그것은 우리의 감각과 감정을 빈곤하게 만든다.

이른바 한류 혹은 K-컬처의 바탕에는 우리 언어의 다양성에서 오는 미묘한 뉘앙스의 차이가 있다. 이른바 디테일이다. 예를 들어 '노랗다'와 '노리끼리하다'는 비슷한 듯 다르다. 외국인들은 그 어감의 차이를 도저히 구별하지 못하지만 우리는 어렵지 않게 구별한다. 한류 콘텐츠에는 그런 디테일이 섬세하게 구사된다. 그것은 바로 언어의 다양성에서 오는 것이기도 하다. 넷플릭스를 통해 전 세계 시청자를 울린 〈폭싹 속았수다〉에서 외국인들이 감탄하는 건 어떻게 그런 감정선을 찾아내고 표현하느냐 하는 것이라 한다. 우리는 '슬프다'와 '애잔하다' '애틋하다' '아련하다' 등의 어감을 섬세하게 구별하고 인식한다. 그런 언어의 디테일이 대본과 연출의 섬세함으로 표현되었다는 점에 주목하는 이들은 거의 없다. 그러나 언어의 측면에서 접근해 보면 충분히 가능한 해석이다. 짧은 말에만 익숙하면 그런 수식어들은 나의 사유 체계에서 도태된다. 그러나 글에서는 아주 풍부하게 표현되고 소화된다.

이러한 점이 이전의 독서에서 얻는 소득과 다른 점이다. 영상 미디어의 차별성과 우월성은 바로 그런 언어의 섬세함에서 온다는 점에서 독서가 무용한 것이 아니라 오히려 엄청난 경쟁력을 갖는 문화적 자산이라는 점을 상기할 필요가 있다. 그걸 강화시키는 게 독서이다. 어른의 독서는 바로 그런 자산을 상실하지 않고 강화하며 시대에 맞는 방식으로 콘텐츠를 생산할 수 있는 토양을 만들어 주는 바탕이 된다는 점에서도 매우 유의미할 것이다. 영상 미디어와 기호 미디어인 책은 대립적이거나 상호 충돌하는 것이 아니다. 영상의 시대에 다양한 영상을 누리는 건 축복이고, 그것을 강화할 수 있는 게 기호 매체라는 점에서 독서는 여전히 매력적일 뿐 아니라 미래지향적이다.

책과 관련된 일을 해서 하는 말이 아니다. 글은 분명히 영상을 뛰어넘는 힘을 가졌다. 무엇보다 비판적 안목으로 주체적이고 섬세하며 무한한 상상력을 발휘하게 하는 원천이다. 스쳐 지나가는 장면이 아니라 글자 너머를 읽어 내는 추론과 이성적 판단력을 발현하는 어른이 필요하다. 영상 미디어를 충분히 그리고 마음껏 즐기되 틈틈이 '글자'를 읽는 것만으로도 제대로 된 어른 노릇은 할 것 같다.

영상은 직관적이지만 기호인 문자는 그것을 내가 수용하고 해석하는 과정에서 무한한 상상력과 논리적 분석을 가능케 함으로써 더욱 매력적인 콘텐츠를 생산하는 힘이 된다. 독서의 목적과 효용 자체가 달라지는 세상이다. 그것은 이전의 독서와 결별하는 다름이 아니라 새로운 가치를 강화하고 창출하는 못자리라는 점에서 새로운 가치와 의미가 부여된다.

중용을 갖춘 어른, 어른의 중용

중용을 갖춘다는 것은 참 어렵다. 아름다운 말이고 누구나 추구하는 가치이지만 막상 그것을 실천하기란 더없이 어렵다. 중용은 단순히 산술적 중간점이 아니다. 산술적 중간이나 기계적 중립의 방패 뒤로 숨는 비겁한 중립은 더더욱 아니다. 옛 어른들이 사서 가운데 『중용』을 높이 평가하며 마지막에 공부해야 할 단계라고 했던 건 괜한 말이 아니다. 『중용』은 공자의 손자인 자사가 편찬한 것으로 알려진 책이다. 『논어』, 『맹자』, 『대학』과 함께 사서에 속하며, 유학의 기초가 되는 책이다. 원래는 『대학』과 마찬가지로 『예기』 제31편 「중용」편에 속한 글이었으나, 남송 시대 정자와 주자 등의 성리학자들에 의해 분리하여 출간되었다.

공자도 중용의 어려움에 대해 말했다. "천하의 국가도 고르게 할 수 있고, 벼슬과 봉록도 사양할 수 있으며, 하얗게 빛나는 칼날도 밟을 수 있다고 하더라도, 중용은 능히 할 수 없을 것이다(子曰 天下國家 可均也 爵祿可辭也 白刃可蹈也 中庸不可能也[자왈 천하국가가균야 작록가사야 백도가답야 중용불가능야])."라는 언급만 봐도 능히 짐작할 수 있다. 이해는 쉽게 할 수 있을지 모르지만 실천은 지극히 어렵다는 말도 덧붙였다. 공자는 "사람들은 모두 '나는 이해했다'라고 말하나, 그물이나 덫과 함정의 한가운데로 몰아넣어도 피할 줄을 모른다. 사람들은 모두 '나는 이해했다'라고 말하나, 중용을 선택하고는 한 달도 지키지 못한다(子曰 人皆曰予知 驅而納諸 罟擭陷阱之中 而莫之知辟也. 人皆曰予知 擇乎中庸而 不能期月守也[자왈 인개왈여지 구이납저 고확함정지중 이막지지피야 인개왈여지 택호중용이불능기월수야])."라고 덧붙였다. 오죽하면 "중용은 어찌 지극한 것일까? 사람들이 오래 할 수 있기가 드물겠구나(子曰 中庸其至矣乎 民鮮能久矣[자왈 중용기지의호 민선능구의])."라고 말했을까? 조선의 유학자들은 '중용'을 극진히 섬겼다. 성리학이 바로 『중용』에 근거하고 있기 때문이다. 따라서 전통 사회에 있어서 학술의 전개와 민족 문화 발달에 중용적 철학 사상이 결정적인 영향을 끼쳤다고 말할 수 있다. 그러니 우리가 중용이라는 말을 흔히 들었던 것도 자연스러운 일이다.

중용이 비단 동아시아 유학 문화권에서만 중요하게 여겨진 건 아니다. 고대 그리스의 아리스토텔레스 철학의 핵심이 바로 중용이었다는 점은 인간 사회에서 중용이 보편적 가치와 의미를 지녔다는 의미이기도 하다. 아리스토텔레스는 인간의 최고의 기능을 사고와 행위를 이성적으로 하는 데에 있다고 보았다. 그는 행복한 생활을 목적으로 두었으며 인간 행위의 궁극적 목적을 바로 행복이라 보았다. 이 행복은 중용의 덕과 이성적 행동을 통해 수행된다. 아리스토텔레스는《니코마코스 윤리학》에서 덕은 과도한 극단이나 부족한 극단을 피함으로써 달성될 수 있으며, 행동과 감정에서의 절제와 균형 잡힌 삶이 중요하다고 강조했다. 그랬을 때 비로소 '유다이모니아'에 도달할 수 있다. 흔히 유다이모니아를 행복으로 번역하기도 하지만 그것을 영어식으로 표현하면 '웰빙'의 상태, 즉 온전한 존재의 양식을 뜻하기도 한다. 아리스토텔레스에게 유다이모니아는 인간이 도달할 수 있는 최고선이며 삶의 궁극적 목적인 동시에 일시적인 게 아니라 덕을 실천함으로써 얻는 영속적인 상태이다. 잠깐 한두 번 해 보는 것에 그칠 수 없는 것이다. 그러기 위해서는 지속적인 학습과 습관을 통해 배양되어야 한다. 그것을 실천할 수 있는 핵심이 중용이다. 웰빙이 단순히 몸에 좋은 거 가려 먹는 선택과 태도가 아니라 그 본질이 중용의 삶이라는 걸 놓치고 살면 깨닫지 못한다.

 중용은 간단히 말하자면 '중간 상태'를 유지하는 것이다. 단순한 산술적 중간이 아니다. 과도함과 부족함을 피하는 것이다. 예를 들어 식욕이라는 행복의 감정은 부족하면 기근의 고통이요, 과하면 복통이라는 고통이다. 이를 피하기 위해서는 적절한 섭생으로 만족감을 얻어야 한다. 기본적으로 넘치는 것을 자제하는 것이 요청된다 하겠다. 그러나 지식의 경우는 넘치는 걸 피하는 것보다 모자람을 두려워하는 게 맞다. 용기의 덕에서 중용은 무모함(용기의 과잉)과 비겁함(용기의 결핍)을 피하고 그 중간을 취하는 것이다. 관대함의 덕에서 중용은 낭비와 인색의 중간이다. 기본적으로 중용은 그런 중간 상태를 유지하는 것이다. 따라서 중용은 개인과 상황에 따라 상대적일 수 있다. 그러므로 이 상대성을 다양한 맥락에서 식별할 수 있는 지혜의 중요성은 필수적이다.

아리스토텔레스에 따르면 중용은 극단을 피함으로써 균형 있고 조화로운 덕 있는 삶을 촉진하는 것으로, 이 균형은 개인의 행동뿐만 아니라 사회적 규범과 윤리적 기준에도 긍정적인 영향을 미친다. 그리고 중용은 개인의 성장과 자기 개선을 촉진한다. 더 나아가 끊임없이 절제를 추구함으로써 사람들은 자신의 복지와 주변 사람들의 복지에 기여하는 덕을 기르게 된다. 결국 그의 철학은 인간의 행복과 미덕에 초점을 맞추는 것으로 그의 황금 중용은 지금도 유효한 삶의 지침이 될 것이다. 예를 들어 자제력은 절제와 탐닉의 균형이며, 자존감은 과도한 자부심과 자만심 그리고 열등감 사이의 균형이다. 진정성은 진실과 기만 사이의 균형이고, 품위 있는 웃음은 유머와 조롱의 균형이다. 정의로운 분노는 분노와 냉정함 사이의 균형이다. 결국 과하지도 모자라지도 않은 균형은 현대인에게도 고스란히 적용되는 미덕이다.

나이 들어 간다는 건 바로 이러한 중용의 미덕을 사유하고 실천하는 단계에 진입했다는 뜻이기도 하다. 그걸 하지 못하면 나잇값도 못하는 천덕꾸러기나 꼰대가 되고, 중용을 실천하면 어른으로 인정받을 수 있다. 젊을 때는 의욕이 앞서고 해야 할 일에 대해 에너지가 넘치며 때론 앞뒤 좌우 살피지 않고 오직 직진하며 자신의 목적을 달성해야 직성이 풀리는 경우가 많다. 그것은 젊음의 특권이기도 하다. 젊어서 그렇게 하지 못하는 삶은 겉으로는 무채색이지만 속으로는 무력함일 경우가 많다. 나이 들어 균형을 잡는답시고 기계적 중립을 취하거나 양비론에 기대는 경우는 무책임과 기회주의적 속성을 버리지 못하고 마치 그걸 지혜인 듯 포장하는 것에 불과하다.

중용이 산술적 중간이나 기계적 중립이어서는 안 된다. 정의는 약자가 받는 부당한 대우에 분노하고 그들과 연대하는 것이다. 즉 중용은 기본적으로 약자의 편에서 문제를 인식하고 판단하는 것이다. 불의에 대해서도 뜨뜻미지근하게 대하는 건 정의를 모욕하는 것이고 훼방하는 것이지 균형 있는 태도가 아니다. 경험을 통해 정의를 택하고 응원하는 게 자신에게 이익을 주기보다 감당해야 할 무거운 짐이 되는 경우가 많다는 걸 알아서 그것을 피하려 교묘하게 변명하는 건 비겁의 고백일 뿐이다. 양비론 또한 회색 지대로 숨는 것과 다르지 않다. 이 나이 먹었으면 사리 분별 제대로 하면서 정의와 보편적 가치에 합당한 일이라면 적극적인 행동을 취하지는 못해도 그것을 지지하고 응원하며 그것을 깨닫지 못하는 사람들을 설득할 수 있어야 한다. 그게 어른의 값이다.

독재의 시대에 언론의 자유가 제한되고 박탈되었을 때 눈치 보며 아첨하여 자신의 이익을 탐하던 언론이 민주 정부가 들어서자 무제한의 언론의 자유를 누리며 자신들의 이해 관계에 따라 올바른 것을 왜곡하는 데에 앞장서서 원하는 바를 마음껏 취하는 경우를 목격했다. 그들은 정작 언론의 자유를 위해 투쟁하지도 않았고 비겁하게 타협했으며 사소한 이익에 취해 진실을 외면하기 급급했을 뿐이다. 그러다 언론의 자유가 보장되었을 때 그것을 위해 싸웠던 선배나 동료에 고마움을 표하고 미안해하기는커녕 마치 자신들의 전유물인 양 극단을 넘나들며 그것을 조롱했다. 그러다 권력이 바뀌면 마치 자신들의 덕으로 그리 되었으니 대가를 내놓으라거나 지분을 챙기려 들면서 권력의 시녀 역할을 도맡아 했다. 언론의 타락이다.

중용은 견고하게 자신을 지탱해 주는 힘이다. 이리저리 휘둘리지 않으며 옳고 그름을 분별하여 옳음을 고수하고 정의로운 판단을 이끌어 내는 힘이다. 그랬을 때 비로소 의연함이 가능하다. 아름답게 나이 드는 것은 의연하며 타인에게 관대하되 불의에는 따끔하게 질책하며 자신을 경계할 수 있을 때 가능하다. 그랬을 때 자연스럽게 존경이 잇따른다. 공자가 중용이 어렵다고 강조한 것은 그것을 오랫동안 지속하는 게 결코 쉽지 않다는 것을 경계시키기 위함이었다. 나이 들었다는 건 비로소 제대로 중용을 실천할 수 있는 인격의 단계에 들어섰다는 뜻이다. 그러니 그렇게 나이 든다는 건 다행스럽고 행복한 일이다.

중용의 덕을 갖춘다는 것은 자신을 견고하게 지탱하는 힘을 가졌다는 뜻이다. 중용의 미덕을 갖추고 실천하는 어른은 고집스럽지 않고 포근하고 따뜻한 어른이면서 좋은 길잡이가 된다. 뾰족한 것들 하나하나 잘라 내면서 오히려 더 단단해지는 게 좋은 어른의 삶이다.

공감 능력과 교감 능력은 어른의 가장 큰 자산

한때는 리더십이라고 하면 우선적으로 통솔력과 카리스마를 꼽았다. 조직을 일사불란하게 이끌어야 하고 명령을 효율적으로 수행할 수 있으려면 엄격하게 통제하며 장악할 수 있어야 했기 때문이었다. 그게 통했으니 그걸 강조했다. 속도와 효율이 지배하던 시대였기 때문이다. 그러나 이제는 세상이 달라졌다. 속도와 효율 대신 창조·혁신·융합이 지배하는 시대가 되었다. 기계적인 혁명이 아니라 사고의 혁명이 핵심이고 가시적이고 질료적인 상품이 아니라 비가시적이며 비질료적인 콘텐츠가 더 많은 가치를 창출하는 시대이다. 따라서 리더십도 달라질 수밖에 없다.

지금은 콘텐츠의 시대다. 현대에 요구되는 리더십에서 가장 중요한 것은 공감과 교감의 능력이다. 커뮤니케이션은 단순히 의사를 교환하는 것이 아니라 상대의 심리 상태와 의도 그리고 가능성을 정확히 읽어 내며 그것을 경청하고 그의 아이디어에 주목하며 그것을 극대화할 수 있는 조건과 환경을 만들어 주는 것이다. 그러기 위해서는 공감 능력을 갖춘 리더가 필요하다. 물론 상대에 관심을 갖는다고 무조건 공감 능력이 생기는 것은 아니다. 공감이 가능하려면 기꺼이 비판적 사고를 허용해야 한다. 그것은 민주주의적 평등성과 연대 의식이 전제되는 것이다. 불행히도 기성세대는 상대적으로 비민주적인 환경에서 성장했다. 우리 기성세대에게 비판적 사고가 매우 부족하다는 걸 인정한다. 우리는 상명하복이나 탑다운 방식에 길들여졌고 익숙하다. 그래서 아래에 그것을 고스란히 적용하려 한다. 이런 상황에서는 좋은 의견이나 발상이 나올 수 없다. 일방적 명령의 리더십은 추방해야 한다. 우리는 가부장적인 가정, 권위주의적인 학교, 위계질서에 철저한 사회 등을 살아오면서 알게 모르게 '싫은 소리'를 견디지 못하고 마음에 들지 않는 말은 내리찍는 것으로 여기며 대응해 왔다. 그러니 아랫사람은 감히 그릇된 것 따지지 못하고 울며 겨자 먹는 격으로 따라야 했다. 그런 환경에서 교감과 공감이 가능할 수 있을까?

    예를 들면 팀장에게 가장 중요한 덕목은 기획과 조정의 능력이다. 팀원들이 완전히 평등한 상태에서 자유롭게 논쟁하다 보면 선을 넘는 경우가 발생한다. 비평적 사고와 토론은 최대한 보장하되 자칫 감정을 상하게 하거나 조직의 기강을 해치는 것을 막기 위해서는 최상의 상태에서 조정할 수 있는 권한을 행사해야 한다. 그게 팀장의 능력이고 임무다. 그래야 건강한 협업이 가능해진다. 그게 이전과 다른 방식이다. 거기에 창의성이 얹히면 비로소 최대 최강의 콘텐츠가 만들어진다. 그게 바로 현대식 조직의 형태와 방식이다. 그리고 이러한 전체 과정의 핵심 고리가 바로 교감과 공감이다. 교감과 공감은 듣는 데에서 발아된다. 가치 있는 콘텐츠는 세대의 '융합'에서 비롯된다. 그게 공감과 교감의 힘이다. 잘 듣기 위해서는 인내와 자제 그리고 상대에 대한 존중과 겸손한 태도가 필요하다. 청년에게 겸손한 어른은 형용 모순이 아니다.

어른들이 청년들과 이야기를 나누고 그들의 생각을 듣는 일은 생각보다 흔하지 않다. 주어진 관계 내에서 이루어질 뿐이다. 대개 주어진 관계에서는 나이가 많고, 직급이 높으며, 경제적으로 우위에 있는 사람의 발언권이 강하다. 본인은 좋은 의도로 가르친다고 여길지 모르지만 듣는 입장에서는 지겨운 잔소리에 불과하다. 그러니 대화도 공감도 불가능하다. 이청득심(以聽得心), 즉 들어야 마음을 얻을 수 있다는 생각을 한시라도 놓치지 말 일이다.

몇 해 전 어느 지방의 소도시에서 청년들을 위한 모임을 주선했다. 거창한 심포지엄이나 포럼이 아니라 청년들이 하고 싶은 이야기를 나누는 것을 일차적인 목적으로 했다. 그래서 모임을 진행하면서 참석한 어른들에게 청년들의 이야기를 '공식적으로' 들어 보고 그들의 고민과 그들이 꿈꾸는 세상에 대해 경청하고 공감해 보시라 권했다. 나는 좌장의 자격으로 가운데 앉았고 좌우로 세 명씩 청년들이 패널로 앉아 자신들의 생각을 표현했다. 참석한 어른들의 표정을 보니 놀라움, 안타까움, 미안함 등이 묻어났고 그 표정 안에는 청년들을 위한 연대와 지지의 감정이 드러났다. 청년들은 제한된 시간이나마 어른들과 함께 자신들의 고민과 현실의 문제 등을 교감할 수 있어서 좋았다고 피력했고, 어른들은 청년들이 말하지 않았다면 끝내 모르고 지났을 일들을 많이 듣고 반성할 수 있어서 유익했다는 반응이 있었다. 아쉬운 것은 그 모임이 이후 지속되지 못하고 일회적으로 끝났다는 점이었다. 나는 그 모임을 통해 지역의 어른들이 자발적으로 청년들과 교감하고 그들과 연대하여 지역 사회를 바꿀 계기를 마련하기를 기대했지만, 그런 일에 익숙하지 않은 어른들이 먼저 나서지 않고 그저 뒤에서 지켜보는 것에 그쳤다는 게 못내 아쉬웠다. 가장 큰 이유는 나를 비롯해 어른들이 여전히 지속적으로 들을 생각이 없기 때문일 것이다. 저들이 먼저 와서 묻기 전에는 굳이 내가 그들에게 다가가 말을 거는 것도 어색하고 그게 나에게 별 도움이 될 일도 아니라 여기기 때문에 거기에 에너지를 쓰는 것도 무색한 일이라 여긴다. 내가 젊었을 때를 생각해 봐도 내가 어른들에게 먼저 가서 묻거나 말을 듣는다는 건 매우 어렵고 불편한 일이었다. 어른들이 내게 묻거나 대화를 구하는 경우는 예외였다. 그렇다면 이제 내 나이가 그들에게 다가가 묻고 대화를 시도할 조건이 된 셈 아닌가?

어른들은 앞으로 살아갈 세상에서 자신의 꿈을 이루겠다는 생각이 별로 없다. 그래서 살아온 지난날을 되돌아본다. 그러나 청년들은 살아갈 앞날을 바라본다. 해야 할 일들이 더 많다. 추억보다 희망과 기대 그리고 두려움이 더 크고 많다. 그렇게 삶의 결과 태도가 달라서 정작 이야기를 나누는 게 쉽지 않다. 그렇다면 공식적으로 청년들의 이야기를 들어 볼 수 있는 기회를 만들도록 요구해야 한다.

어른들은 지금의 청년들이 겪고 있는 절망감에 공감하지 못한다. 취업 전선에서 무한 경쟁을 경험한 적 없다. 요즘 청년은 어렵사리 대학에 들어가도 대학생의 낭만 따위는 없다. 신입생들은 1학년 1학기 때부터 취업 준비를 시작한다. 온갖 자격증 따기에 몰두하고 다양한 스펙을 쌓는 데에 관심을 두며 너 나 할 것 없이 영어 실력 증진과 토플 점수를 위해 학원에 다니는 등 오로지 취업에만 목을 매달고 있다. 교과목도 학점을 쉽게 취득하거나 좋은 성적을 얻을 수 있는 과목들 중심으로 선택한다. 내가 대학을 떠난 지 벌써 10년이 지났지만 그 경쟁의 치열함은 줄기는커녕 오히려 더 심해지고 있다. 나는 그 학생들을 볼 때마다 죄책감이 들었다. 우리는 부모 세대보다 훨씬 풍요로운 삶을 누렸다. 다 부모 세대의 희생과 헌신 덕분이었다. 그런데 우리는 자식들에게 나보다 못한 삶을 물려주고 있지 않은가?

이른바 명문이라 자타가 공인하는 연세대학교 졸업생들이 졸업할 때 좋은 일자리는 둘째 치고 정규직 일자리를 얻은 비율이 고작 28퍼센트라는 자료에 충격을 받았다. 물론 그 기준점이 졸업하는 시점이고 지금은 졸업 이후에도 1년쯤은 취업 모색 기간이라 그 시간을 고려하면 졸업 이후 1년 이내 정규직 일자리를 얻는 비율은 대략 65퍼센트 정도 된다는 추가 설명이 따랐다. 연세대가 그 정도이니 다른 대학이야 말할 것도 없다. 대학 졸업생들 가운데 절반 이상은 학자금 융자로 등록금을 해결했으니 취업이 되어도 3년쯤은 그걸 갚는 데에 꽤 큰돈을 들여야 하고, 취업하지 못한 졸업생은 자칫 신용불량자로 사회생활을 시작하는 것도 드문 일이 아닐 것이다. 그런 생활을 어른들은 공감할 수 있을까? 보도를 통해 접해서 이성적으로는 인식하고 있을지 몰라도 그 삶을 경험하지 못했기 때문에 공감하기 어렵다. 그러면 일부러라도 그 느낌을 공유하도록 노력해야 하는데 그렇게 하는 어른들이 얼마나 될까? 그나마도 내 자식이 대학에 다니거나 졸업한 이후 취업 전쟁에 내던져진 경우에나 실감할 것이다. 누가 옳고 누가 그르냐의 문제는 아니다. 시대가 그런 걸 어쩌겠냐고 자조할 일도 아니다. 이제라도 청년들의 입장에서 세상과 삶을 바라볼 수 있는 공감의 영역을 확장해야 한다. 물론 기성세대라고 놀고먹으며 산 건 아니며 고스톱해서 승진한 것도 아니고 죽어라 일하고 아끼고 모아서 승진하고 내 집 마련했으며 아이들 키우느라 등골 휘어지며 살았다. 그러나 그래도 우리 세대가 지금 청년 세대보다 훨씬 운이 좋았던 건 부인할 수 없다.

지금은 다행히 이전보다는 줄었지만 여전히 한 해에 약 4천 명의 청년이 자살한다. OECD 가입 국가 중 가장 많다. 한때는 7천여 명에 이르렀다. 4천 명이면 하루에 10명 이상이 자살한다는 것 아닌가. 도저히 아무런 희망이 보이지 않으니 귀한 생명을 스스로 포기하는 것이다. 죽을 각오라면 그 오기로라도 살아야 하지 않느냐는 어른들의 비난과 채근은 비겁하다. 그들의 자살을 비난하기 전에 오죽하면 스스로 죽음을 선택했을까를 물어야 하고 거기에 구조적 부조리와 사회적 모순이 있으면 제거해 줘야 한다. 우리는 과연 그것을 제대로 수행한 어른들일까? 두렵고 부끄러운 일이다. 어른들의 시간과 에너지가 아직은 남아 있을 때 청년들에게 한 뼘이라도 나은 세상을 위한 행동을 해야 하는 것이 시대적 소명이다. 그러려면 그들의 현실과 미래에 대해 함께 고민하고 공감할 수 있어야 한다.

남의 신발을 신어 봐야 그가 어떻게 걷는지 알 수 있다. 지혜로운 척 '역지사지'를 쉽게 입에 올린다. 그러나 정작 제대로 역지사지 해야 할 곳은 청년 세대에 대한 기성세대의 역지사지이다. 아랫사람이 윗사람에게 공감하는 건 대부분 아첨이나 아부가 되기 쉽다. 강자가 약자에 귀 기울이고 교감할 수 있을 때 비로소 공감이 가능하다. 그 몫이 지금 어른들의 책무이다. 더 이상 뭉개거나 외면하거나 묵살할 수 없는 소명이다. 더 이상 늦으면 안 될 일이다.

현대적 리더와 어른은 공감하고 교감하는 모습을 보이는 존재여야 한다. 비판적 사고를 허용하고 협업을 인도하며 창의력을 마음껏 발휘하여 최상의 콘텐츠를 만들어 낼 수 있도록 돕고 이끌어 주는 어른이 이 시대가 요구하는 진짜 어른이다.

진정한 어른의 경쟁력은
다름 아닌 질문

인공 지능^AI 시대가 도래했다. 참 곤혹스럽다. 디지털에 겨우 적응했는데 이젠 아예 인공 지능이 모든 것을 맡아 해결할 거란다. 그걸 언제 또 배우고 익히겠는가? 아이들은 학교에서 교과 과정이 AI를 기반으로 구성되고 학습되기 때문에 자연스럽게 배울 것이고, 성인들은 기존의 디지털 베이스에 AI 운용 방식을 추가하면 큰 문제없이 사용하며 효과는 몇 배 높은 결과를 얻을 수 있을 것이다. 그러나 우리 같은 어른 세대는 새로 배우는 것도 부담스럽고 무섭거니와 그걸 얼마나 활용할 수 있을 것인지 확신이 서지 않는다. 그러니 지금 있는 디지털 환경에 적당히 적응하여 사는 것이 흔들리지 않았으면 좋겠다고 생각한다. 그러나 그런 바람은 위험하다. 새로운 기술이라면 지레 겁부터 먹으니 제대로 배우지도 못한다. 그것만 버리면 별것도 아니다. 디지털이 그랬듯 인공 지능도 기술이 아니라 이해의 문제이다. 결국 이 큰 흐름은 어느 누구도 막을 수 없고 막아서도 안 된다. 이미 세상은 인공 지능이 지배하는 환경으로 변모하고 있다.

우리가 이러한 변화에서 느끼는 또 하나의 문제는 기존의 일자리가 대규모로 사라질지 모른다는 공포다. 머지않은 과거를 소환해 보자. 2016년, 이른바 제4차 산업 혁명의 거대한 파도가 우리를 휩쓸었다. 제4차 산업 혁명은 당시 다보스 포럼 의장인 클라우스 슈밥 박사의 발언에서 비롯되었다. 그런데 정작 제3차 산업 혁명에 대해서는 주목하지 않은 사람들이 더 많았다. 제3차 산업 혁명은 2011년에 제러미 리프킨이 《3차 산업 혁명》[12]이라는 책을 통해 제기한 개념이다. 이는 20세기 중후반에 컴퓨터, 인공위성, 인터넷 등의 발명이 촉진시킨 새로운 산업 혁명으로, 이전에는 없었던 새로운 방식, 예를 들어 정보 공유 방식이 생기면서 정보 통신 기술이 혁신적으로 변모하였으며, 공장 자동화를 통해 산업 전반에 자동화와 무인화가 본격적으로 시작되었고, 그로 인해 인류 생활의 근간이 크게 바뀔 것이라는 전망이었다. 하지만 현재 진행 중이고 자연스러운 변화로는 느끼지

---

[12] 《3차 산업 혁명》, 제러미 리프킨 지음, 안진환 옮김, 민음사, 2012

만 혁명적인 변화라고까지는 느끼지 못한 까닭에 큰 반향을 얻지는 못했다. 실제로 우리나라에서 그 책은 그리 많이 팔리지도 않았다. 그런 상황에서 제4차 산업 혁명 운운하는 건 사실 대단한 것도 아니었다.

그러나 다보스 포럼 자체가 전 세계 정치와 경제 분야의 리더들이 대거 참석하는 세계적 지명도를 가진 까닭에, 그리고 늘 신년 초에 개최되는 까닭에 한 해의 화두, 즉 일종의 어젠다를 찾을 수 있다는 생각에 주목하게 되는데 거기에서 슈밥이 제4차 산업 혁명을 선언한 것이다. 그러면서 초연결성 hyper-connectivity과 초지성super-intelligence이라는 두 가지 특징을 들었다. 그런데 갑자기 그게 대단한 선언인 양 호들갑을 떨더니 슈밥이 대한민국에 와서 여러 차례 특강을 하면서 붐이 일었다. 물론 그 선언이 무의미한 것은 아니었다. 그러나 냉정하게 관찰하면 그를 초대한 건 대기업들이었고, 그가 던진 메시지를 대규모 일자리 상실로 해석하면서 사람들로 하여금 실직의 비극을 당하지 않으려면 고용주에 고분고분해야 한다는 식으로 변질되어 소비된 측면이 매우 강했다. 정작 그것에 대비해서 사회 구조가 어떤 방식으로 전환되어야 하며 그 충격을 어떤 방식으로 흡수하고, 그 혁명으로 인해 산출되는 이익을 어떻게 분배할 것인지 등에 대해서는 외면했다.

분명히 산업 구조는 빠르게 변화할 것이고 더 높은 생산성을 이끌어 낼 것인데, 무엇보다 그것을 어떤 방식으로 소화하고 분배하도록 사회 구조를 혁신할 것인가에 대한 논의가 선행되어야 했다. 그건 지금도 마찬가지이다. 경주마와 달리기를 할 수 있는 속도를 요구할 게 아니라 그 말을 타는 법을 가르치고 빠르게 목적한 지점에 도착하여 얻은 시간을 어떠한 방식으로 사용할 것인지 등을 함께 따지고 연구해야 하는 게 정상적이지 않은가? 그걸 발언해야 할 사람들이 바로 나이 든 세대이다. 자신들이 수혜자가 아니어서 더 설득력을 가질 수 있다. 이러한 문제의식이 지금의 인공 지능 사회 진입 단계에서도 마찬가지로 적용되어야 한다.

제4차 산업 혁명 운운할 때도 그랬는데 인공 지능이 일반화되는 세상에서는 비교조차 되지 않을 만큼 엄청난 변화가 일어날 것이다. 챗GPT에서 시작된 혁명의 맛은 금세 많은 이들의 입맛을 사로잡았고, 더 세련되고 정밀한 피드백을 제공하는 지능형 인공 지능의 발전은 인간의 지능 자체를 무력화할지도 모른다. 그러니까 지금까지 우리 인류가 축적해 온 모든 지식과 정보 체계 자체가 완전히 리셋될 수밖에 없는 게 현실이 된 것이다. 물론 거기에는 엄청난 에너지 소비가 발생할 것이고, 지식과 정보의 내용도 현 상태로는 매우 많은 오류를 드러내지만 아주 빠른 시간에 그 오류조차 줄어들 것은 자명하다. 그러니 그 앞에서 우리는 완전히 무장 해제될 수밖에 없다. 많은 직업이 사라질 것이라는 건 단순한 심리적 공포가 아니라 당장의 현실이 될 것이다.

    재작년인가, 후배 교수가 푸념하는 말을 들은 적이 있다. 숙제를 내줬는데 리포트가 너무나 훌륭하더란다. 자신이 가르쳐 주지 않은 것까지 세밀하게 조사하여 제출해서 깜짝 놀랐단다. 그런데 다른 학생들의 리포트도 훌륭했고 금세 리포트가 다 비슷한 걸 알아챘다. 뒤늦게 학생들을 불러 확인하니 죄다 챗GPT의 도움을 받았다는 걸 알게 됐다. F를 줄 수도 없고 그렇다고 높은 학점을 줄 수도 없는 곤혹스러운 일을 겪었다는 푸념이었다. "도대체 학생들이 스스로 공부하려 하지 않고 기계의 도움을 받아 더 좋은 성적만 받으면 된다고 생각하니 앞으로가 걱정입니다." 나는 그의 푸념을 듣고 처음에는 같이 맞장구를 쳤지만 금세 생각이 바뀌었다. 우리 때는 그런 도움을 받을 수 없었으니 도서관에서 자료를 찾고 해석하며 재구성하는 게 당연했지만, 지금은 그런 유용한 도구가 널려 있는데 그걸 활용하는 게 당연한 것 아닐까? 나라도 그럴 것 같다고 고백했다. 그러면서 문제는 그렇게 '받아 내린' 자료를 읽고 자신의 지식으로 소화했는지를 체크하고, 부족한 게 있으면 보완해 주고, 잘못 받은 정보라면 고쳐주면서 왜 그런 오류가 발생하는지 설명해 주면 되지 않겠냐고 반문했다. 그래서 학생을 연구실로 불러 일종의 구두시험을 보게 하면 될 것이라고 제안했다. 때로는 여러 학생을 함께 불러 각각 자신의 리포트에 대해 설명하도록 하면 같은 주제를 갖고 과제를 수행한 학생들이 다른 견해를 경험할 뿐 아니라 문제점도 스스로 발견하고 고칠 수 있는 집단 지성을 경험할 수 있을 것이다. 무조건 그게 나쁘다며 억압할 게 아니라 어른인 내 생각을 바꿔서 그들에게 가장 합리적이고 유용한 방식으로 원하는 결과를 도출할 수 있도록 이끄는 게 현재 교수와 교사의 역할이 되지 않겠는가 싶다.

또 하나 주목할 것은 어떻게 질문하느냐에 따라 챗GPT나 AI가 내놓는 답변이 달라진다는 점이다. 결국 문제의 핵심은 질문자의 수준과 내용이다. 보다 세밀한 질문과 복잡하면서도 논리적이며 체계적인 질문, 그리고 파생의 갈래들을 어디까지 어떤 방식으로 찾아 구성하여 답을 내놓을지 이끌어 낼 수 있는 질문이 결과를 완전히 다르게 만든다. 이처럼 '질문하는 능력'이 인공 지능 시대에 중요한 덕목이 된다. 인공 지능 문제는 청년에게만 해당되는 것이 아니다. 나이 든 세대에게도 필요한 것이고 피할 수도 없는 것이다. 그렇다면 그들과 비교했을 때 나이 든 세대의 AI 사용에서의 차별점은 무엇일까? 바로 질문력의 깊이와 너비이다.

불행히도 지금의 나이 든 세대는 '묻는 법'을 배우고 자라지 못했다. 주입식 교육에 길들여졌고 사회의 구성과 구동 방식도 다르지 않았다. 명령을 받으면 그 일을 따르는 '수행자'를 요구하는 사회 구조였다. 기계적 효율성을 따지는 구조에서 질문하는 사람은 쓸모없이 시간 낭비하고 조직의 결속력을 저해하는 '위험한 존재'로 낙인 찍혔다. 그래도 21세기로 전환하는 시기에 묻고 따지는 새로운 창조의 방식이 해법이라는 걸 경험하면서 그 힘의 가치를 깨달은 건 다행스러운 일이다. 이게 이전 세대와의 차이점이라 할 수 있다.

솔직히 말해 지금 이 나이에 그걸 배우고 익혀도 경제적으로 별 쓸모 있는 것도 아니다. 지금 있는 것도 제대로 활용하지 못하고 썩히는 게 많다. 그러나 당장 경제적 효용을 고려해서 안 배워도 그만인 게 아니다. 지금 스마트폰에서 제공되는 앱을 통해 얼마나 많은 편의를 누리고 있는지 생각해 보면 쉽게 이해할 수 있다. 예를 들어 KTX나 SRT, 고속버스 티켓을 예매하러 직접 역이나 터미널을 방문하는 게 얼마나 번거로운 일인가? 자칫 좌석 확보도 어려울 수 있다는 걸 생각해 보라. 그러나 앱을 통해서 간단히 해결할 수 있다. 누릴 수 있는 혜택과 편의를 사용하느냐 그렇지 않느냐는 결코 사소한 게 아니다. 그러니 나이 든 세대가 더 적극적으로 배우는 게 좋다.

지금까지 살아오면서 배운 지식과 겪은 경험의 자산은 크다. 그러나 그 대부분은 현업에 종사할 때 그렇다. 그래서 자꾸만 새로운 것을 배울 때 경제적 이익이 있느냐부터 따지는 경향이 있는 것 같다. 지갑에 돈 들어오는 것만 경제적인 게 아니다. 내가 편하고 다양한 삶을 누릴 수 있는 기회를 얻을 수 있는데 외면하며 불필요한 에너지를 낭비할 까닭이 없다. 게다가 남은 시간이 그리 많지도 않다. 배우는 걸 부담스러워하기보다 즐기는 태도로 전환하면 족하다.

앞에서 인공 지능 환경에서 묻는 힘이 중요하다고 말했다. 이미 AI는 엄청난 정보를 축적하고 있다. 어떤 요구, 어떤 질문이냐에 따라 그것이 제공하는 질적 내용은 엄청나게 다르다. 그러므로 세밀한 질문과 사용자에게 가장 중요한 니즈가 이어질 수 있어야 원하는 최적의 데이터를 얻을 수 있다. 지식과 경험이 많은 세대일수록 그 점에서 차별적 우월성을 발휘해야 한다. 아쉬운 건 우리가 성장하면서 질문하는 힘을 키우는 교육을 받은 적 없고, 사회에서도 주어진 명령을 수행하는 데에 익숙해졌기 때문에 질문력이 부족하다는 점이다. 그러나 이미 획득한 지식과 경험을 다양한 방식으로 재해석, 재구성하는 것만으로도 거기에서 질문의 차별적 능력이 발현될 수 있다. 그러니 자꾸 묻는 습관을 가져야 한다. '네'라고 먼저 말하고 '왜?'를 나중에 따져 보는 습관을 버리고, 계속해서 묻고 따지며 질문하는 능력을 섬세하게 다듬으면 많은 걸 얻을 수 있다.

왜 질문이 중요한가? 첫째, 답은 하나지만 질문은 끝이 없다. 답은 앞선 사람들이 많은 노력과 과정을 거쳐 인증하고 합의한 해결책이다. 분명히 유용하다. 그러나 그게 끝이다. 답을 알고 있는 사람이 위너다. 그러나 질문은 끝이 없다. 확장 가능성은 거기에서 나온다. 둘째, 답은 다른 사람이 마련한 기성품인 데 반해 질문은 그 주체가 '나'라는 점이다. 그것은 주체성이라는 점에서 매우 월등하다. 현재와 미래의 콘텐츠는 바로 이러한 주체성을 바탕으로 생산되고 배양된다.

셋째, 모든 질문은 나름의 답을 갖는다. 따라서 질문을 던지면 반드시 그 답을 찾아 나서게 된다. 그 과정에서 새로운 해결책을 만나게 된다. 이건 확장성에서 엄청난 차별성과 우월성을 갖는다.

'단답형의 답을 원하는 질문'과 '맥락과 흐름을 잡으면서 전체를 조망하는 답을 요구하는 질문'은 전혀 다르다. 후자의 질문에 유리한 사람은 어느 정도의 지식과 경험이 쌓인 사람이다. 물론 그게 오히려 걸림돌이 되는 경우도 있을 것이지만, 기본적으로 그런 전제적 요건을 갖춘 사람이 유리한 건 부인할 수 없다. 그런 점에서 나이 든 세대의 질문력은 젊은 세대에 비해 훨씬 깊이와 너비가 풍부하고 다양하며 질적 수준이 높을 수 있다. 지금까지 주로 답을 추구하는 삶을 살았지만, 거기에서 축적된 지식과 정보를 바탕으로 미래 가치를 도출해 낼 수 있는 질문을 던질 수 있는 능력은 현대 사회에서 매우 유용하다. 그러므로 나이 든 세대는 지금의 환경에서 주눅 들 게 아니라 오히려 유리할 수 있다는 자신감을 가질 수 있다. 새로운 기술을 익혀야 하는 것이라면 모르지만, 디지털을 기반으로 한 인공 지능의 세계는 사고의 전환과 그것을 이끌어 내는 원동력으로서의 질문력이 단단한 사람에게 유리하다는 점을 명심할 필요가 있다.

그런 질문력에 더해 분별의 능력을 가졌다는 것 또한 무시할 수 없는 자산이다. 현 단계에서 AI 지식 정보 체계의 가장 심각한 문제 가운데 하나는 검증되지 않은 것들이 너무 많으며 알고리즘 패턴에 의존하는 비율이 높아서 편향된 지식과 정보가 무비판적으로 재구성된다는 점이다. 입력시킨 정보와 지식이 걸러지고 검증되지 않은 상태에서 알고리즘 중심으로 클러스터를 형성하는 방식이 고착되면 가짜 뉴스까지도 엄연한 자리를 차지하게 되는 방식과 너무나 흡사하다. 물론 앞으로 차차 보완되겠지만 사용자가 분별력을 갖지 못하면 그 피해는 꽤 크고 오래 갈 것이다. 나이 든 세대는 그런 점에서 상대적으로 유리할 수도 있다. 지식과 경험이 풍부한 세대는 상대적으로 그릇된 정보와 지식을 걸러 낼 능력을 갖췄다. 물론 오히려 기울어진 사고 체계를 고수하며 인지 부조화를 넘어 심지어 확증 편향에 빠진 극우와 극좌에 속하는 나이 든 세대는 제외해야 한다. 그런 극단만 피하면 검증의 능력이 젊은 세대보다는 크다고 할 수 있다. AI는 첫 번째 두뇌가 아니라 두 번째 두뇌이다. 그 점만 놓치지 않으면 된다.

인공 지능이 일반화되는 건 불가피하다. 피할 일도 아니고 피할 수도 없다. 그렇다고 주눅부터 들 까닭은 더욱 없다. 조금만 노력하고 배우면 어느 정도는 충분히 커버할 수 있다. 거기에 묻는 능력과 오류를 분별하여 걸러 낼 능력을 갖추면 오히려 인공 지능의 시대가 나이 든 세대에게 좋은 기회가 될 수 있다. 그 능력을 키우는 게 우리에게 주어진 과제이자 장점이다. 다양하게 묻고 피드백을 통해 더 나은 질문으로 더 나은 답변을 이끌어 내는 능력이 관건이 될 것이다. 일단 체계적이고 통찰력을 갖춘 질문의 힘을 기르자. 그러면 그다음은 정보와 지식의 고속도로에 진입하여 능력을 발현할 수 있다.

▷ ───────────────────────

질문력은 사유의 힘과 분별의 능력에서 배양된다. 우리는 그 자산을 재정비하여 더 깊고 폭넓은 질문으로 맥락과 흐름을 명확하게 포착하는 능력을 발휘해야 한다. 그러면 더 이상 쓸모없는 존재가 아니라 오히려 더 긴요하고 유용한 역할을 수행할 수 있다.

아랫사람에게 묻기를 부끄러워하지 마라

'리버스 멘토링reverse mentoring'이라는 말을 들어 본 적이 있을 것이다. 흔히 멘토링은 선배나 상사가 후배나 아랫사람을 가르치고 이끌어 주며 최상의 능력을 발휘할 수 있도록 하는 관계를 뜻한다. 멘토링은 고대 그리스에서 트로이 전쟁의 주역인 오디세우스가 전쟁터에 나가면서 자신의 아들인 텔레마코스의 교육과 후견을 친구인 멘토에게 맡긴 데에서 유래한다. 후에 아테나는 멘토의 모습으로 텔레마코스의 앞에 나타나 어머니 페넬로페에게 접근하는 구혼자들을 막고 아버지를 찾아 나설 것을 종용한다. 이 과정에서 고민하는 텔레마코스에게 많은 격려를 하고 현실적인 조언을 건네는데, 이로 인해 멘토라는 그의 이름은 지혜와 신뢰로 한 사람의 인생을 이끌어 주는 지도자의 동의어로 사용되고 있다. 그래서 멘토는 현명하고 신뢰할 수 있는 상담 상대를 의미하기도 하고 스승이나 조언자의 의미로 쓰이기도 한다.

'리버스'라는 말이 '반대의' 또는 '뒤집다'라는 뜻이니까 리버스 멘토링은 멘토와 멘티의 관계가 통상적으로 나이 많은 사람과 나이 적은 사람의 관계인 것과 반대로 나이 적은 사람과 나이 많은 사람으로 역할이 역전된 것을 의미한다. 지금은 초역전의 시대이다. 이런 역전 현상이 나타나는 것은 젊은 사람들의 지능이 높아져서 나타난 것이 아니라, 신문명의 주기가 단축되면서 나타난 현상이다. 농업 혁명은 수천 년을 거쳤고 산업 혁명은 300여 년이 지속되었지만 정보 혁명은 30여 년에 불과했다. 그리고 그 30년은 지금까지의 인류 역사 전체의 지식과 정보가 축적된 양보다 더 많고 크다. 앞으로 다가올 또 다른 혁명은 그 주기가 다시 절반 이상으로 줄게 될 것이다.

리버스 멘토링이라는 말은 경영의 신이라 불리던 GE의 잭 웰치 회장에 의해 1999년에 제시되었던 개념이니 벌써 20년은 훌쩍 넘은 '꽤 오래된' 것이다. 영국 출장길에 어느 말단 엔지니어로부터 인터넷의 중요성에 대해 듣고 미처 생각하지 못했던 아이디어에 충격을 받은 잭 웰치는 출장에서 돌아온 후 중역들에게 후배로부터 인터넷을 배우도록 했다. 그는 신기술과 신사고를 지닌 젊은이들을 이해해야 신상품이 개발되고 효과적인 경영 전략을 수립할 수 있다고 판단했다. 그 역시 20대 젊은 직원의 멘티가 되어 새로운 기술을 익혔다. 이전에는 상상도 하지 못한 방식이었다. 웰치 회장은 GE 크로톤빌 연수원에 임원과 젊은 사원이 함께 참여하는 워크숍을 열고 임원들이 젊은 사원들에게 배우는 방식을 공식적으로 채택하였다. GE의 역멘토링이 효과를 거두자 여러 기업이 따라 하기 시작했다. 특히 IT, 광고, 미디어 업계에서 적극적이었다. 역멘토링은 상급자에게만 혜택이 주어지는 게 아니다. 젊은 직원은 상급자와 직접 소통하는 관계를 만들 수 있고, 다양한 의견과 아이디어를 교환할 수 있을 뿐 아니라 소속감과 의욕을 고취할 수 있으며 상급자의 경험과 지식을 직접 배울 수 있기 때문이다. 최근에는 단순히 말로만 떠드는 게 아니라 신규 사업 아이디어를 낼 때 가장 젊은 직원에게 승인받지 못하면 진행할 수 없도록 규정을 정한 기업도 있다.

흔히 MZ 세대라 부르는 세대는 1980년 이후에 태어난 세대이다. 그 시기는 인류 전체가 정보화 사회로 전환된 시점이다. 앨빈 토플러가 《제3 물결》[13]에서 언급한 마지막 물결을 태어나자마자 경험한 세대였다. 그러니까 이들은 정보화 사회 1세대인 셈이다. 기성세대에게 컴퓨터는 업무용이었지만 이들에게는 생필품이었다. 놀이조차 컴퓨

---

13 《제3 물결》, 앨빈 토플러 지음, 이규행 옮김, 한국경제신문사, 1989.

터로 구가한다. 다른 이들과의 소통 역시 컴퓨터를 통해서 이루어진다. 기존 소통 방식의 조직 문화와는 쉽게 어울릴 수 없는 것이 당연하였다. 이들이 성장하여 대학생이 되고 군인이 되고 직장인이 되자 기성세대와 큰 충돌이 일어났다.

정보화 사회는 빠르게 변화할 수밖에 없고 변화하지 않으면 도태된다. 농경 사회나 산업 사회에서는 평생 비슷한 환경에서 살다 죽기 때문에 경험이 많은 나이 많은 사람들이 더 능력을 발휘하고 더 많은 대가를 획득했다. 그래서 어른이나 상급자가 명령하면 따라야 했고 그게 당연하다 여겼다. 그러나 이제 MZ 세대들은 자기들이 수긍하고 동기부여가 되었을 때에만 신속하고 정확하게 업무를 처리한다. 당연히 그들을 이해하고 그들의 장점을 발휘할 수 있는 조건을 마련해야 하는 것이 어른들의 몫이다.

이탈리아의 명품 브랜드 구찌는 20세기 후반 경제 침체기에 깊은 수렁에 빠졌고 이후에 다시 돌출된 21세기 초반의 세계적 경제 위기로 힘들었다. 그런데 그런 구찌가 회생했다. 그 바탕에는 청년들이 있었다. 구찌는 '그림자 위원회 shadow committee'라는 독특한 제도로 문제를 해결했는데, 이 조직은 밀레니얼 세대 직원으로 이루어진 위원회였다. 구찌는 밀레니얼 대상 상품은 밀레니얼 세대의 취향에 맞춰야 한다고 판단하고 50대 이상의 임원으로 이루어진 경영진 회의가 끝나면 똑같은 의제로 그림자 위원회에서 다시 회의를 열었다. 그런데 그림자 위원회와 경영진 회의의 토론 내용과 해결책이 서로 매우 다를 뿐 아니라 새로운 시장의 변화를 읽기에는 오히려 그림자 위원회가 훨씬 더 효과적이라는 것을 발견했다. 젊은 사원들은 큰 주제와 문제를 모르고 그저 시키는 일을 수행하는 직원에 불과하다고 여기는 통념을 뒤집어엎은 멋진 반동이었다. 이러한 결정의 결과로 다른 명품 브랜드가 고전을 면치 못하던 시기에 구찌는 밀레니얼 세대의 열렬한 환호에 힘입어 오히려 화려하게 부활했다. 이 그림자 위원회는 집단 역멘토링의 좋은 사례 가운데 하나에 불과하다. 물론 어설픈 역멘토링은 상사나 선배의 사고가 고루하거나 시대에 뒤떨어진다는 인식을 고착시킬 수도 있다는 점에서 주의해야 한다. 그러나 입장을 바꿔 바라보는 것 자체가 통찰에 크게 도움이 된다는 점은 분명하다. 그런 통찰이 공감을 이끌어 낸다는 점에서 역멘토링은 매우 매력적이다.

게다가 이제는 MZ 세대를 넘어 알파 세대가 등장하고 있다. 2010년 이후 태어난 신세대이다. 이른바 제4차 산업 혁명의 1세대이다. 기성세대는 메타버스가 무엇인지도 모르거나 기본적 운용 방식이라도 배워야 하는데 알파 세대는 이미 어려서부터 메타버스로 소통하고 놀이를 즐긴다. 세상이 바뀌었고 그에 따라 기술과 도구가 크게 달라졌다. 그걸 제대로 배우고 익히면 매우 유용하지만 기성세대는 새로운 걸 배우는 게 두렵기도 해서 외면한다. 그러면 나만 손해

다. 아이가 어른에게 묻는 세상에서 어른이 아이에게 길을 묻는 세상으로 바뀌었다. 따라서 나의 스승이 될 젊은 친구와 아이들에게 예의를 갖춰야 한다. 말하는 게 아니라 들어야 한다. 그 태도와 자세는 그들로 하여금 나이 든 세대를 무시하게 하는 게 아니라 오히려 친밀하고 존경스럽게 만든다. 그게 기성세대에게 지금 요구되는 지혜이다. 가장 이상적인 것은 신·구 세대의 조화와 대화를 통한 협력과 존중이다. 그게 열린 세상으로 가는 길이다.

『논어』「공야장(公冶長)」편에 '불치하문(不恥下問)'이라는 말이 나온다. 공자의 제자 자공(子貢)이 평소 사람 알아보는 것을 즐겨 했는데 위(衛)나라 대부 공문자(孔文子)의 시호에 '문(文)'이 들어있는 까닭을 스승 공자에게 여쭈니 공자가 대답하길, "명민하면서도 배우기를 좋아하였으며 아랫사람에게 묻기를 부끄럽게 여기지 않았다. 이러한 까닭으로 문이라 부른 것이다(敏而好學 不恥下問 是以謂之文也[민이호학 불치하문 시이위지문야])."라고 한 말에서 유래한 말이다. 자존심 때문에 아랫사람에게 묻지 못하는 건 제대로 된 어른의 태도가 아니다. 모르면 물어야 한다. 지위가 높건 낮건, 나이가 많건 적건 궁금하고 모르는 게 있으면 물어야 한다. 아랫사람에게 묻는 건 더 이상 부끄러운 일이 아니라 유익한 일이며 현대를 살아가는 지혜이다. 어린 세대가 나보다 현대의 삶에 대한 훨씬 더 많고 유용한 정보와 지식을 갖고 있다면 당연히 그래야 한다. 그렇다고 어른이 줄 것이 없다면 그것도 민망하고 채신없는 일이다. 그리고 아직 젊은 사람이 경험하지 못한 삶의 자잘한 지혜들, 예를 들어 너무 고민을 깊게 하지 말라거나 당장의 이해관계에만 몰두하지 말고 좀 더 멀리 오래 볼 수 있는 인내를 갖게 되면 훗날 후회할 일은 줄고 그 선택으로 자신의 삶이 더 나아졌음을 깨닫게 되더라는 등의 조언이면 족하다. 그렇게 서로 주고받으며 가르치고 배운다. 말 그대로 교학상장(敎學相長)의 실체다.

청년이 내 스승이다. 세상이 바뀌었기 때문이다. 바뀐 세상만큼 그들에게 배워야 한다. 그래야 바뀌지 않는, 바뀔 수 없는 세상에 대한 지혜를 가르칠 수 있다. 배우는 건 부끄러운 일이 아니라 즐겁고 행복한 일이다. 스승을 존중하고 경외하자.

노후에 기댈 곳이 없다고
슬퍼하지 말 것

얼마 전 아내와 함께 홋카이도에 여행을 다녀왔는데 가이드를 하는 여성분이 놀랍게도 60대 베테랑이었다. 틈틈이 이야기를 많이 나눴는데, 그 분이 문득 지금의 60대는 '마처 세대'라며 그게 무슨 뜻인지 아느냐고 물었다. 동승한 여행객들은 무슨 수수께끼라도 되는 양 고개를 갸웃거렸다. 그 분의 설명에 따르면 부모를 봉양한 '마지막 세대'이자 자식으로부터 부양받지 못할 '처음 세대'라는 뜻이란다. 모두가 무릎을 쳤다. 그러나 동의와 감탄 너머에 뭔가 씁쓸함이 묻어나는 건 어쩔 수 없었다.

우리가 자랄 때는 부모가 하늘인 줄 알았고 선생님 말씀은 절대적이라고 믿고 살았다. 물론 그건 전적인 신뢰와 부모로서의 의무, 교사로서의 소명이 충실함에 대한 존경과 인정에서 비롯된 것이다. 하지만 불행히도 그 당시만 해도 지나치게 가부장적인 부모와 도저히 용납할 수 없는 폭력 교사가 있었던 것도 부인할 수 없다. 말 그대로 가부장적 권위가 절정인 시절이었다. 어른들에 대한 존경과 순종은 절대적이었다. 그 힘든 시기에 자식의 성공을 위해 당신의 모든 것을 쏟아부었으니 자식이 부모를 공양하고 뒷바라지하는 건 당연하다 여겼다. 그게 오랫동안 이어져 온 우리의 문화였다. 부모가 자식을 키우는 게 오로지 나중에 그에 대한 보답을 받기 위해서라고 여기는 부모는 거의 없을 것이다. 기쁘게 헌신했다. 그리고 자식으로부터 어느 정도 보답을 받았다. 거의 모든 부모 자식 사이에서는 그게 당연한 일이었다. 슬하에 둔 자식들도 많았으니 큰아들이 모시는 게 관례였고 다른 자식들도 다달이 용돈을 챙겨드리며 협력했다. 그러나 이제는 대부분 핵가족이고 자식도 하나 혹은 둘이니 혼자 부모 공양을 책임지는 건 상상도 못 할 현실이다. 자식이 제 살길 건사하면 그것으로 족하다.

문제는 예전과 달리 오래 살게 되었다는 점이다. 은퇴 후 삶이 너무 길다. 그러니까 자식이 부모의 삶을 책임져야 하는 기간이 대략 20~30년은 족히 된다는 의미이기도 하다. 경제적 여유가 없으면 그 긴 시간이 당사자에게도 자식에게도 버겁다. 우리 부모 세대는 70세를 훌쩍 넘겼지만, 조부모 세대는 환갑 넘기는 것 자체가 홍복이었다.

그러니 모든 것이 그 주기와 환경에 맞춰졌다. 그게 오래 이어졌다. 그러다 우리 부모 세대부터 장수하는 게 보편화했다. 의학, 약학, 위생, 섭생, 경제적 여유 등이 만들어 낸 인류 진화와 진보의 결실을 누렸다. 하지만 연장된 수명, 그것도 경제적으로나 사회적으로 위축된 노년의 삶에 대한 환경은 크게 바뀌지 않은 채 본인과 자녀의 몫으로 남았다. 그래도 우리 세대는 부모 봉양이 마땅한 의무라 여겼고 나름대로 수행했다. 그러나 그런 봉양은 우리 세대가 끝이다. 그러니 부모 봉양의 '마지막' 세대라는 말이 허튼 말이 아니다.

그렇다고 나의 노후를 자식들이 책임져 주지는 않는다. 솔직히 우리도 그건 바라지 않는다. 그저 자식들이 그들의 자식들 잘 키워 잘 살아가 주면 더 이상 바랄 것도 없다. 크게 벌어 놓은 재산도 없고 저축도 별로 없어 불안하지만, 예전에는 꿈도 꾸지 못하던 연금이나 사회 보장 제도의 지원을 받으며 살아갈 수 있다. 그러니 목숨이 연장되는 것에는 크게 불안하거나 두렵지 않다. 자식에 기대지 않고 나의 노년을 온전히 나의 몫으로 받아들이며 살아야 한다. 그런 '첫' 세대이다. 그걸 하나로 묶어 '마처' 세대라 부르는 것이다.

좀 억울할 수는 있다. 나는 부모님 끝까지 모시고 책임졌는데 내가 늙었을 때는 그 대가를 환수하지 못하고 내가 해결해야 하니 독박 쓰는 느낌도 들 수 있다. 하지만 집, 자동차, 온갖 편의품들, 레저, 여행 등 내 부모님은 누리지 못한 물질적 풍요를 우리는 충분히 누렸다. 해외여행은커녕 여권조차 만들지 못했던 부모 세대와 달리 우리는 일찍부터 자유롭게 해외로 여행도 다녔다. 그러니 푸념할 것도 없다. 우리는 부모 세대보다 잘살게 된 첫 세대였고 자식 세대는 우리보다 못살지 모를 첫 세대라는 점에서 또 다른 의미의 '처마 세대'이기도 하다. 성장의 혜택을 만끽한 처음 세대이며 동시에 마지막 세대이다.

어찌 되었거나 우리는 자식 세대에게 노후를 의탁할 생각이 거의 없다. 물론 완전히 경제적 조건이 소진되면 어쩔 수 없이 자식들의 결정에 따를 수밖에 없겠지만, 그런 경우에도 연금이나 기초 지원금 등으로 자신의 마지막 삶의 과정을 결정할 수 있는 최후의 수단은 있다. 그러니 내가 부모에게 효도한 것처럼 자식들도 내게 그래야 한다는 생각이나 그럴 거라는 희망을 버리는 게 좋다. 솔직히 우리가 부모에게 불효한 건 아니지만 충실하게 효도한 것도 아니었다. 분가해서 살면서 내 가정이 먼저였고 가끔 찾아뵙거나 전화로 문안하고 명절이나 집안일로 부모를 방문하는 것이 거의 전부였다. 용돈을 드리기는 했지만 말 그대로 용돈에 불과한 돈이었다. 어쩌다 큰돈 드리는 경우도 있었지만, 그게 우리의 생활을 휘청거리게 할 정도는 아니었을 것이다. 물론 평생 부모를 모시며 산 자식도 있으니 전부라고 할 수는 없겠지만 대부분 우리는 그렇게 살았다. 효도했다고 자신만만하게 말할 처지는 아니다. 서운하게 생각할 것 없다.

벼는 농부의 발소리를 듣고 자라고 자식은 부모의 등을 보고 자란다고 했다. 내가 부모에게 극진히 효도를 다했으면 내 자식도 그것을 보고 자랐으니 어느 정도 흉내라도 내려고 노력할 것이고, 기본적인 효도의 태도를 수행했으면 아이들도 자식으로서의 본분과 의무 정도는 수행할 것이다. 물론 내가 치른 '원금'에 비춰 돌려받게 될 금액은 이자는커녕 본전도 되지 않을 것이다. 그러나 내리사랑은 그게 당연한 일이고, 내가 치른 원금이 자식들에게서 열매를 맺게 되는 토양이 된다면 그것으로 이미 족하고 기쁜 일이다. 어차피 돌려받을 생각 없는 돈 아니었는가? 내 부모도 내게 그랬던 것처럼 말이다. 그래도 우리는 자식에게 모든 것을 양보하며 희생했던 부모 세대에 비해 하고 싶은 것 꽤 누리고 살았으니 족하다.

누구도 자신의 마지막을 알지 못한다. 그러나 나이 든 세대에게 그것은 그리 먼 일이 아니다. 또 그게 반드시 죽음을 의미하는 것도 아니다. 생물학적으로 급격히 쇠퇴하는 순간이 그리 멀지 않았다. 지금 내 나이가 만 예순여섯이니 잘 관리하면 내 의지와 목적에 따라 몸을 자유롭게 움직일 수 있는 시간이 10년 정도 될 듯하다. 그 10년도 금세 지날 것이다. 자식들에게 크게 부담을 주지 않고 독립해서 살아가며 그들에게 심리적 걱정을 느끼지 않게 하려면 부지런히 건강 관리하는 것도 이제는 권리를 넘어 자식에 대한 의무라 여긴다. 그 10년의 기간에 하나하나 내 삶을 정돈하고 자식들에게 계획을 알려 주며 어떻게 대응해야 할지 등을 기록 등으로 남겨 둘 시간이다. 내가 어떻게 삶을 정리하고 마감하는지 보여 주는 것이 자식들의 삶에 좋은 모범이나 판단의 준거가 되는 사례가 될 것이라 생각하면, 이것은 나의 삶이 아니라 나와 자식들의 삶의 마지막 연결 지점이 될 것이다.

우리 부부는 40대에 성당에서 시신 기증을 약속하고 증서를 받았지만, 자식들이 동의해야 그것이 이행될 수 있을 것이다. 이제는 그걸 상기시킬 시기가 된 듯하다. 그 증서를 작성했을 때는 아이들이 10대 초반이었으니 지금 그것을 상기시키지 않으면 아예 모르거나 외면할 수 있다. 물론 동의를 강요할 생각은 없다. 또 지금은 관념적으로 동의하지만 막상 나의 죽음을 맞닥뜨리면 생각이 바뀔지도 모르니 100퍼센트 장담할 수는 없겠지만 적어도 나의 생각을 일깨워 줄 필요는 있을 듯하다.

자식으로부터 봉양을 받지 못하는 첫 세대라고 불평할 게 아니다. 예전에는 그것 말고는 대안이 없을 만큼 늙는다는 것이 무기력한 일이었지만, 이제는 스스로 살아갈 수 있는 시대이고 환경이라는 점을 고려하며 독립적이고 자주적인 첫 세대라는 점에서 뿌듯해 할 일이다. 내가 치른 효도라는 값은 미미하고 자식으로부터 돌려받아야 할 부채를 남기지 않으니 족하다. 생각이 바뀌면 삶이 바뀐다. 자식들 잘 커 주는 것으로 고마운 선물이다. 어쩌면 내 자식 세대는 그것마저 보지 못할 수도 있다. 결혼을 하지 않거나 결혼해도 자식이 없다면 그렇지 않겠는가? 그게 아주 예외적인 일이 아니라 흔한 일이 될 것이다. 그러니 나는 그걸 보며 삶을 마칠 수 있다는 것만으로도 고마운 일이 아닐 수 없다.

'마처' 세대라는 아쉬움보다는 어느 정도 자식을 비롯해 누군가에게 기댈 수밖에 없지만 그래도 독립적이며 자주적으로 여생을 채울 수 있는 첫 세대라는 생각만으로도 섭섭함이나 두려움은 크게 줄어들 듯하다. 앞으로 살아가면서 누릴 것이 좀 줄어들 수밖에 없겠지만, 지금까지 누린 것만으로도 행복한 일이었다. 과욕은 금물이다.

나는 부모님께 효도하며 최선을 다했는데 내가 자식 세대에게 그것을 되돌려받지 못한다고 서러워할 일이 아니다. 오히려 이 나이에도 독립적으로 살아갈 수 있는 첫 세대라는 점에 자부심을 가지면 된다.

아날로그와 디지털을 모두 경험한 세대의 힘

우리 세대의 어린 시절은 전반적으로 가난했다. 1960년대 초 대한민국의 개인 소득은 100달러를 넘지 못했다. 세계 최빈국에 속했다. 식민지에서 벗어난 지 고작 15년 남짓이었는데 그 사이에 3년의 처참한 내전까지 겪었으니 그야말로 완전히 바닥 신세였다. 세 끼 밥을 먹는 것조차 보장되지 않는 곤궁의 삶을 견뎌야 했다. 이 시기에 외국의 원조 구호품을 받아 보지 않은 이들은 거의 없을 것이다. 가난한 개발 도상국에서 벗어나는 게 꿈이었다. 그랬던 대한민국이 이제는 선진국에 들어섰다. 2021년 UN은 제68차 무역개발이사회[TBD] 회의에서 대한민국이 선진국이 되었음을 만장일치로 공식 결정했다. 1964년 유엔 무역개발회의[UNCTAD]가 설립된 이후 개발 도상국에서 선진국으로 지위가 변경된 최초의 사건이었다. 이미 대한민국은 1996년에 경제협력개발기구^{OECD}에 가입하는 성과를 올렸다. 두 사건 모두 감격적인 일이었다. 이제는 개인 소득에서도 일본을 능가하는 초유의 결과를 경험하고 있다. 상상도 못 하던 일이다.

2021년 기준, 대한민국은 전 세계 200여 개 국가들 가운데 GDP 10위, 군사력 6위, 제조업 생산력 5위, 무역 규모 8위이며 세계에서 단 7개 국가(미국, 영국, 독일, 프랑스, 이탈리아, 일본, 대한민국)만 속한 '30-50 클럽'에 가입된 상태이다. 소득 3만 달러 이상, 인구 5천만 명 이상의 국가를 일컫는 이 카테고리는 국력을 가늠하는 기준으로 인용되곤 한다. 말 그대로 상전벽해의 대변화이며 위대한 발전이다. 그것만으로 우리는 자부심을 갖기에 충분하다. 그만큼 열심히 살았기에 얻은 결실이다.

물론 모든 게 순탄하게 흐른 건 아니다. 1997년 외환위기 한 방에 대한민국은 나락으로 떨어졌다. 힘센 사람 아무도 책임지지 않았다. 그리고 그 책임은 고스란히 서민들이 떠안았다. 대량 해고로 삶이 불안정해지고 가정이 해체되는 등 엄청난 피해를 감수했다. IMF의 조건은 매우 가혹했다. 그러나 우리는 그것도 이겨 냈다. 3년 만에 IMF 체제를 졸업한 건 가상한 일이지만 나는 이왕 겪는 것 5년쯤 겪어야 했어야 한다고 지금도 믿는다. 그 3년 동안 이른바 하부 구조에 대한 가혹한 구조 조정이 가해졌다. 임의적 해고가 용이해지고 국민의 혈세가 은행을 비롯한 기업에 공적 자금이라는 이름으로 쏟아부어졌다. 그 뒤에 당연히 상부 구조의 모순을 제거하고 제대로 된 구조 조정을 해야 할 시점에서 IMF 체제를 졸업한 것이다. 그래서 상부 구조의 문제점은 그대로 남은 채 오히려 개혁의 산물은 그들이 독점하는 모양새가 굳어졌다. 이른바 양극화 현상은 그때 본격화된 것이다.

물론 나쁜 점만 있었던 건 아니다. 첫째는 개혁했다는 사실이다. 물론 타의에 의한 강제적 개혁이었지만 잘 나갈 때 스스로 개혁한다는 건 거의 불가능에 가깝다. 우리도 계속 성장했고 바로 직전에 OECD에 가입까지 했으니 의기양양했다. 그런 상황에서 개혁은 현실적으로 찾아보기 어렵다. 그러나 한순간에 꺼꾸러지면서 우리가 얼마나 허약한 제도와 구조를 갖고 있었는지 자각했고 강제적으로 개혁할 수밖에 없었다. 엄청난 대가를 치르면서 말이다. 그러나 그렇게 개혁을 경험한 것은 큰 자산이 되었고 이후 계속해서 개혁해야 한다는 당위와 동력을 갖추게 된 것은 엄청난 행운이기도 했다. 메이지 유신 이후 한 번도 스스로 개혁하지 못한 일본의 정체(停滯)와 대조적으로 개혁을 경험한 대한민국의 도약은 거기에서 갈렸다. 둘째는 이 시기가 이른바 밀레니얼, 즉 세기적 변화의 시기였다는 점이다. 20세기의 유산을 털고 21세기의 새로운 방향으로 나아가야 할 때에 그 개혁은 우리로 하여금 미래를 바라보고 다양하고 구체적인 방법을 모색하게 하였다. 셋째는 특히 이 시기가 아날로그에서 디지털로 변화하는 시기였다는 점이다. 우리가 21세기에 도약한 힘의 바탕은 바로 이러한 디지털로의 전환에서 세계에서 손꼽힐 정도의 속도를 보였다는 점이다. 그것이 21세기 대한민국 도약의 발판이었다. 그런 점에서 천운이라면 천운일 수 있다.

이제는 아무도 소니나 파나소닉의 전자 제품에 관심 없다. 우리는 그들을 추격하는 입장이 아니라 탈(脫)추격하는 입장이 되었다. 그리고 그 역전을 계기로 아예 일본이 우리를 다시 능가하지 못하도록 지속적인 개혁을 통해 발전하고 있고 그렇게 하려고 노력하고 있다. 개혁을 경험하지 못했고, 스스로 개혁할 의지도 없는 일본은 특별한 외부적 변수가 작동되지 않는 한 지금의 상태에서 크게 달라지기 어려울 것이다. 지금의 대한민국은 일본을 두려워하는 세대(70~80대), 일본을 선망하는 세대(60대), 일본을 베끼며 따르던 세대(50~60대), 일본과 대등하게 경쟁한 세대(40~50대), 일본과 겨뤄 이겨 본 세대(30~40대), 일본에 대해 더 이상 선망도 특별한 전의도 없는, 심지어 얕보기까지 하는 세대(10~20대)가 차례로 그리고 동시에 공존하고 있다. 그 전환의 중심점은 바로 1997년~2000년 사이의 대변혁과 개혁을 경험한 역사적 사실에 있다. 개혁은 경험하지 못한 채 안정과 번영이라는 것에만 몰두했고 버블 경제의 단맛만 실컷 빨아 온 일본의 기성세대는 스스로 문제를 들춰내지 못하고 도려내지 못하면서 기득권을 유지하고 있다. 버블 시대에 마음껏 누렸던 경제 호황의 열매를 손에 가득 쥔 채로 말이다. 그래서 더더욱 개혁은 가물가물하다. 현재 일본의 가장 큰 문제점은 자기 개혁을 하지 못할 만큼 보수적 기질로 고착되었다는 점이다. 그걸 반면교사 삼아야 한다.

이러한 성장은 지금의 나이 든 세대들이 한창 일할 때 IMF 체제에 의한 강제적 개혁을 경험하고 이 악물고 스스로 변화를 모색하며 열심히 일했기 때문에 가능했다는 점에서 우리는 자부심을 가져도 좋다. 그러나 그 자부심에서 그친다면 아쉽기도 하고 안타깝기도 하다. 앞서 말한 것처럼 우리가 강제로나마 개혁을 감행해야 했던 그 시기는 아날로그에서 디지털로 대전환을 한 시기이며, 그런 까닭에 21세기는 완전히 디지털 기반의 세상으로 급변했다. 일본은 그 대전환에서 여전히 아날로그를 고수하다 퇴행한 데 반해 대한민국은 엄청난 속도로 디지털 사회로 급전환했다. 그래서 그 시대에 활동했던 지금의 나이 든 세대들은 아마도 세계에서 가장 디지털에 익숙한 시니어라고 확실하게 말할 수 있을 것이다. 이건 엄청난 자산이다. 또 하나 디지털은 근육노동의 의존도가 가장 낮은 형태의 노동 방식을 낳았으며, 지금의 대한민국의 나이 든 세대는 이미 거기에 익숙하기 때문에 정년 이후에도 다양하게 새로운 방식으로 노동할 수 있는 조건을 마련하고 있다는 점을 간과하지 말아야 한다. 그런데도 노후의 삶에 대한 사회적 대책이 그걸 놓치고 있는 건 안타깝고 아쉬운 일이다.

게다가 우리에게는 아날로그의 온기까지 경험한 자산이 있지 않은가? 아날로그의 온기와 디지털의 속도가 겸비된 인류 역사상 최초의 세대가 출현한 것이다. 이건 엄청난 자산이다. 이전에도 없었고 앞으로도 다시 출현하기 어려운 일이다. 지금의 젊은 세대가 이른바 레트로 감성에 젖어 아날로그의 향수를 음미하는 취향이 어느 정도는 남겠지만 그건 하나의 트렌드에 불과할 뿐 몸으로 겪고 삶으로 젖어든 세대의 그것과는 질적으로 다르다. 그러니까 지금의 나이 든 세대는 아날로그의 콘텐츠를 디지털이라는 새로운 매개체를 통해 극대화할 수 있는, 거의 유일한 세대가 되는 셈이다. 어떻게 이 가치와 자산을 포기할 수 있겠는가? 이것은 단순히 나이 든 세대의 자산 가치를 높이는 데에 그치는 게 아니다. 그것을 잘 숙성시켜 다음 세대에 전해 줄 수 있을 때 우리는 앞으로 엄청난 가치의 자산을 보유하고 증강할 수 있다.

　그러므로 과거를 들추며 '너희들이 해 봤어?' 하는 식으로 윽박지르거나 푸념하지 말고 '이런 멋진 콘텐츠는 어떠니?' 하고 자신의 가치를 인식시킬 수 있으면 된다. 디지털 세상에서는 결코 시니어가 주니어를 이길 수 없다. 그러나 아날로그의 자산은 넘치도록 풍부하다. 그것을 디지털의 시스템에 연결시키면 된다. 그런 것들은 찾으면 차고도 넘친다. 예를 들어 사진의 경우를 보자. 예전 필름 카메라를 쓰던 세대는 아무렇게나 피사체를 찍지 않았다. 필름을 아껴야 했고 최대한 좋은 앵글과 환경을 따진 뒤에 비로소 셔터를 눌렀다. 그리고 현상소에 맡겨 인화되는 날까지 며칠을 설레며 기다렸다. 그 나름의 감성이 있었다. 그러나 이제는 필름 걱정도 없고 일단 스마트폰으로 여러 장 마음껏 찍은 뒤에 마음에 드는 거 고르고 사후 보정까지 하면 마음에 드는 결과물을 얻을 수 있다. 그건 트릭이나 낭비가 아니라 새로운 디지털 세상이 준 해결책이다. 분명히 아날로그 시절에는 결코 꿈도 꾸지 못하던 편리하고 경제적인 변화다. 그건 당연히 인정할 일이고 우리 또한 그걸 누리고 있지 않은가? 그러니 적어도 그 부분에 대해서는 디지털 세대의 역할과 능력을 백 번 인정한다. 그런데 아날로그적 감성을 거기에 들이대며 '너희들이 인생을 알아?' 하는 식으로 윽박지르는 건 촌스럽고 어리석다. 필름 카메라를 사용하던 시기의 그 미묘한 맛과 즐거움을 우리는 경험했다. 최적의 상태에서 피사체를 담으려 노력했던 일, 한 장의 필름이라도 아껴야 했던 일, 현상소에 맡기거나 암실에서 현상을 기다리던 일, 현상 이후에 사진을 하나하나 꼼꼼하게 살펴보던 일 등, 시간으로나 심리적으로나 도저히 디지털에는 비교조차 어렵지만 거기에 따랐던 감성과 설렘, 기다리는 동안 가졌던 온갖 생각 등 디지털 세대는 결코 경험해 보지 못했던 것들이 그저 무의미하기만 한 것은 아니었다. 다만 그 감성을 그 상태 그대로 반복하거나 박제하는 건 거의 무의미하다. 그 감성을 디지털 시대에 맞춰 재해석하고 재구성하여 새로운 콘텐츠를 만들어 내면서 두 세계를 이어 주는 역할을 할 수 있다는 건 매력적인 역할이고 능력이다. 그 자산을 나이 든 세대가 갖고 있다.

　디지털의 속도와 편의를 따라가지 못해 주눅 들 것도 아니고 아날로그의 신중함과 감성을 회고하기만 할 것도 아니다. 디지털의 속도를 늦추는 게 아니라 거기에 세밀하고 따뜻한 감성을 불어넣음으로써 콘텐츠가 어떻게 더 풍요로워지고 내밀해지는지를 실증해 보이면 된다. 콘텐츠의 밀도가 충실해야 많은 호응을 얻는 건 자명한 일이다. 문제는 우리가 아날로그의 감성을 밀도 높게 재창출하는 생산성은 외면하고 비생산적인 방식 즉 과거에 대한 회고나 무용담 정도로 소비하고 있지 않은가 하는 점이다. 지금의 나이 든 세대는 아날로그와 디지털을 함께 경험한 까닭에 두 장점을 융합할 수 있는 능력과 장점을 가진 동시에 그것을 생산적인 방식으로 재해석하고 재생산해야 하는 역사적 사명을 동시에 지니고 있다. 우리가 그것을 제대로 해내지 못하면 어떤 세대도 그것을 할 수 없다. 그러면 아날로그와 디지털은 단절된다. 기껏해야 레트로 감성으로 소비하는 방식은 그 안에 담긴 철학과 삶의 온기를 담아 낼 수 없다. 그러므로 우리는 이 역할에 대한 시대적 소명을 인식해야 한다.

현재 나이 든 세대의 장점은 아날로그의 온기와 디지털의 속

도를 모두 경험했다는 점에 있다. 아날로그의 마지막 세대로서 삶의 따뜻함과 타인에 대한 배려를 실천하고, 디지털의 첫 세대로서 속도가 놓치기 쉬운 창조·혁신·융합의 균형 감각을 보여 줄 수 있다. 아날로그와 디지털을 모두 경험하고 공유한 세대의 자산은 생각보다 엄청나게 크다.

강자의 편에 서고 싶은
유혹을 거부하는 어른

"대를 위해 소를 희생하라."라는 말을 많이 들어 왔다. 생존의 문제가 달렸을 때 전체를 위해 소수가 희생할 수밖에 없는 상황이 있다. 그건 어쩔 수 없다. 그런데 그 위기를 넘긴 뒤에 얻는 이익은 대개 강자와 다수가 차지한다. 그게 불의라는 것조차 자각하지 못한다. 그 이익은 마땅히 희생한 소수에게 우선적으로 분배해야 한다는 원칙을 마련하지 못하면 그것은 강자의 강도 행위와 다르지 않다. 희생되는 소수가 되지 않으려 발버둥 치게 만드는 사회 구조이다. 그러면서 강자에 빌붙는다. 어른만 그런 게 아니다. 아이들의 집단 따돌림도 크게 다르지 않다. 따돌림의 주동자와 어울려야 따돌림을 당하지 않을 수 있다고 생각하게 만드는 악의 구조는 똑같다. 애들이 그걸 누구에게 배웠겠는가?

'최대 다수의 최대 행복'이라는 공리주의의 원칙이 모든 사회의 기본적 사고방식으로 여겨져 왔다. 이 말 또한 효율 중심의 사회를 구성하는 기본 원리이자 이익을 극대화하기 위한 불가피한 원칙으로 여겨진다. 그러나 이 말이 갖는 두 가지 중요한 함의는 놓치는 것 같다. 하나는 그것이 윤리적 모토에만 해당되는 것이 아니라 정치적 슬로건이기도 했다는 사실이다. 벤담과 밀의 공리주의보다 100여 년 전에 프랜시스 허치슨 등이 주장한 '최대 다수의 최대 행복'은 '가장 많은 사람에게 큰 행복을 주는 행위가 도덕적 선'이라는 뜻으로, 개인의 행위가 자신만의 행복을 추구하는 것이 아니라 다른 사람, 더 나아가 사회 전체의 행복을 증진시킬 수 있을 때 더욱 바람직하고 올바른 것으로 평가된다는 것을 의미했다.

동시에 이 말은 19세기 참정권 확대를 요구할 때 쓰였다. '최대 다수의 최대 행복'이라는 말을 보통 선거권을 의미하는 것으로 해석한 것이다. 공리주의의 전제는 "모든 사람은 쾌락을 추구할 권리가 있다."라는 것이다. 공리주의의 사상적 바탕인 영국의 경험주의에서 말하는 모든 지식은 나의 감각 기관을 통해 습득한 경험의 데이터이다. 그런 점에서 그 기준은 '나'이며 '감각 기관을 가진 모든 사람'은 동등한 권리를 갖는다. 이러한 점에 바탕을 둔 보통 선거권은 모든 사람에게 동등한 정치 참여의 권리를 부여하는 것이며, 그것이 바로 최대 다수의 최대 행복을 실현하는 방식이다. 모든 사람의 권리는 동등하다는 것이 핵심이다.

정리해서 말하자면 어떤 사회든 효율을 추구하지 않으면 공멸하기 쉽다. 당연히 이익을 극대화하는 방향으로 가야 한다. 그런 점에서 자본주의와 공리주의는 좋은 짝이다. 문제는 이익의 극대화에만 눈길이 쏠려 그것 때문에 피해를 감수해야 하는 '소수의 약자'에 대해서는 낙오자, 패배자로 간단히 낙인찍어 버린다는 점이다. 존 롤스가 《정의론》에서 비판한 공리주의의 허점 역시 바로 그러한 비인격성이다. 그러면서 롤스는 중요한 해결책을 제시했는데 그것이 바로 소수 약자에 대한 이익의 우선 분배 원칙이다. 최소한 그걸 마련하고 이에 동의하며 작동시킬 수 있을 때 비로소 정의가 실현될 수 있다고 보았다.

우리 어른들은 그런 세상을 무심하게 살아왔다. 이제라도 그런 불의와 의식하지 못했던 불공정에 대해 목소리를 높여야 한다. 지금까지 살아오며 그 불의를 외면한 것을 반성하면서 그 쳇값을 치른다는 의미로라도 행동해야 한다. 강자의 편에 서서 그들의 이익을 만들고 그 대가로 내 삶의 안정과 편리함을 누렸다. 세상에 공짜는 없다. 우리도 열심히 일해서 이만큼 온 것이다. 그러나 알게 모르게 나의 사려 깊지 못한 행동이 누군가, 특히 소수 또는 가끔은 다수의 약자에게 피해를 떠넘기며 아프게 했다면 다음 세대는 그걸 되풀이하지 않도록 해야 한다. 그걸 경험한 당사자인 지금의 어른이 그걸 해야 한다.

다음의 두 가지 사례를 통해 지나온 우리의 방식을 반성하고 새로운 대안을 모색해 보자. 첫 번째는 〈자전거〉라는 동요다. "따르릉, 따르릉, 비켜나세요. 자전거가 나갑니다, 따르르르릉. 저기 가는 저 사람 조심하셔요. 우물쭈물하다가는 큰일 납니다." 귀여운 동요다. 그런데 살짝 꼬집어 보면 꽤 위험하다. 자전거를 탄 사람(비록 아이가 탔어도)이 강자다. 어떤 경우에는 "저기 가는 저 사람 조심하셔요."를 "저기 가는 저 노인 꼬부랑 노인."으로 부르기도 했다. 그 사람이 약자다. 도로에서는 강자가 약자를 보호해야 할 의무가 있다. 그걸 가르치는 게 교육이다. 그런데 아이는 벨을 울리며 비키란다. 나는 벨을 울려 경고했으니 할 바 다했다는 우격다짐일 수 있다. 꼬부랑 할머니나 어린아이가 길을 건너면 마땅히 자전거도 자동차도 멈춰서 기다려야 한다. 벨이나 경적 울려서 위협할 게 아니다. 다른 자전거나 자동차도 질주하지 못하도록 손을 들어 세워 함께 기다리는 게 마땅하다. 동요의 가사 하나도 가볍게 볼 게 아니다. 그런데 우리는 그런 교육으로 자라난 어른이다. 당연히 생각을 재조정해야 한다.

또 다른 사례 역시 동요를 통해 볼 수 있다. 독일 민요를 번안한 〈옹달샘〉이다. "깊은 산 속 옹달샘 누가 와서 먹나요. 새벽에 토끼가 눈 비비고 일어나 세수하러 왔다가 물만 먹고 가지요." 아이들의 앙증맞은 율동과 함께 발랄한 목소리가 들리는 듯하다. 그런데 왜 그

토끼는 세수하러 가서 물만 먹었을까? 깨끗한 물에 세수하려고 새벽 일찍 갔다면, 당연히 먼저 간 토끼에게 그럴 권리가 있으니 마음껏 세수하고 샤워까지 해도 무방한데 말이다. 옹달샘은 숲에 사는 모든 동물에게 중요한 자산이다. 가장 깨끗한 그 물을 먹고 산다. 그런데 내가 먼저 갔다는 이유로 그게 마땅한 권리인 듯 몸을 씻고 휘저으면 내 몸은 깨끗해질지 모르지만 샘물이 더러워져 다른 동물들이 마실 수 없다. 그런 생각이 들자 세수를 포기하고 물만 마셨다. 세수야 아래의 다른 물에서 해도 된다고 생각하면서 말이다. 이 동요는 일종의 사회적 공공재에 대한 책임과 배려로 해석할 수 있다. 우리가 받은 교육이 상당 부분 강자가 되어야 한다는 방식이었다면 이제 진정 강한 힘은 내면과 가치에서 온다는 걸 깨달아야 한다.

　강자의 편에 서는 게 유리하다. 내 능력으로 강해지는 것보다 강자의 편에 서는 게 훨씬 더 효과적이다. 살아오면서 우리는 그것을 경험으로 깨달았다. 강자의 눈에 흡족하게 들기 위해서 아부와 아첨도 주저하지 않고 해야 한다고 여겼다. 물론 그게 아부나 아첨이 아니라 마땅한 칭찬이며 객관적인 판단이라고 합리화하면서 말이다. 그렇게 강자 편에 서면 약자의 무능과 한심스러운 점만 보이고 상대적 우월감을 느낀다. 게다가 부스러기 이익까지 누린다. 그러니 마다할 일이 아니다. 그런 생각이 우리를 적당히 비겁하게 만들었다. 이제는 그 비겁을 만회하기 위해서라도 의식적으로 동료와 약자를 보듣는 어른이 되면 좋겠다. 나이 들수록 좋은 사람이라는 말은 들어야 하지 않겠는가? 추한 어른이 되지 말아야 한다.

　나이 들수록 성격이 좋아지는 사람의 가장 큰 특징은 개방성이다. 나를 깨닫게 해 주는 사람을 포용할 수 있으며 나보다 약한 사람을 보듬을 여유와 관용을 실행하는 사람이다. 그게 나이 들어 가면서 지혜롭고 성격이 좋아진다는 말의 핵심이다.

나이 들어 갈수록 성숙한 사유와 공정한 판단, 그리고 약자에 대한 배려와 연대의 마음을 갖는 어른이 아름답다. 우리에게 필요한 것은 신분의 세탁이 아니라 인격의 세탁이다.

빛이 아니라 볕의 삶을 산다는 것

인문학 강의 공동체 〈곁과 볕〉이라는 단체가 있다. 《가난할 권리》[14]의 저자이며, 오랫동안 노숙인 인문 대학을 주도적으로 이끌어 온 공로로 2024년 교보교육대상을 수상한 최준영 책고집 대표가 구성한 단체로 노숙인, 장애인, 영세민 등을 위해 인문학 강좌를 전국적으로 지원하고 강사를 파견하는 일을 수행한다. '클레멘트 코스'를 만들어 '디딤돌 인문학'이라는 이름으로 약자를 위한 인문 대학을 비롯하여 교도소 인문 대학까지 제공한다. 수많은 지식인, 예술인 등이 최 대

---

14 《가난할 권리》, 최준영, 책고래, 2023.

표의 취지와 목적에 동의하고 부응하여 참여하고 있다. 나도 거기에 참여하여 최 대표의 숭고한 뜻에 동참하고 있는데, 개인적 소회로는 '볕'이라는 단체 이름에 끌렸다고 강사들에게 고백한 적이 있다. 빛은 순간적이고 화려하며 강렬하다. 그래서 일단 빛이 비추면 주목하게 된다. 이른바 스포트라이트이기도 한 빛은 자존감과 명예를 드높이는 매력적인 요소이다. 그러나 '볕'은 보이지 않는다. 물론 빛이 있어야 볕이 만들어진다. 그런데 볕은 빛과 달리 보이지 않을 뿐 아니라 온기를 만들어 내기 위해 시간이 필요하다. 화려하지 않아서 아무도 주목하지 않는다. 그러나 추위에 떠는 사람을 따뜻하게 품어 온기를 나눠 줌으로써 안식과 평화를 제공한다. 빛을 좇는 사람들은 많지만 정작 볕을 지향하는 이들은 그리 많지 않다.

우리도 젊었을 때는 나름대로 빛나는 삶을 살았다. 빛을 발하지 않으면 아무도 존재를 알아채지 않았고 상급도 없었다. 그래서 조금이라도 빛나기 위해 노력했다. 볕은 보이지도 않고 표도 나지 않는다. "사람 좋다."라는 평판이 승진 등에 도움이 된 경우는 별로 없을 것이다. 오히려 모질고 사나우며 몰아대고 채근하며 실적을 올리는 일에 뛰어난 자들이 높은 평가를 받고 빨리 승진하는 게 일상사였지 않은가? 그런 사람이 감정적으로는 별로지만 법적으로는 아무런 문제가 없으니 그걸 대놓고 따질 수도 없었다. 그러니 조금이라도 빛이 나는 사람이 되어야 했다.

가족에게도 빛이 되어야 우쭐할 수 있지만 가능하면 볕이 되려고 했다. 살갑고 따뜻한 애정과 너그러움으로 대했다. 때론 야단치고 타이르면서도 근본적으로는 아이가 잘되기를 바라는 마음으로 격려하고 북돋우며 껴안고 응원하는 게 부모의 마음이다. 그게 '볕'의 삶이다. 가까운 친구들에게도 우리는 볕을 느낀다. 잘난 친구 덕을 보려고 그런 이들 옆에서 알짱대는 경우도 있지만, 우리의 마음을 끌어당기고 살갑게 만들어 주는 건 그런 빛나는 친구가 아니라 오랫동안 서로에게 볕이 되어 주는 친구이다. 그렇게 우리도 '곁'의 삶을 사랑하고 좋아하며 추구해 왔다. 그걸 알아주는 사람이면 그걸로 족하고 고마웠다. 가족이나 가까운 벗은 바로 그런 사람들이다.

이제 나이 들어 은퇴한 사람들이 빛을 따라 살 까닭은 별로 없다. 마음으로야 여전히 빛이 되고 싶어 할지 모르지만, 현실적으로 빛이 될 일은 거의 없다. 주변에 있는 이들도 빛이 되는 이들이 아니라 볕이 되는 이들이 더 살갑고 애틋하다. 이제 빛으로 사는 게 아니라 볕으로 살아야 하는 나이가 된 것이다. 누군가에게 볕이 된다는 건 그리 대단한 것도 어려운 일도 아니다. 그의 삶을 이해하고 공감하며 그의 말을 끝까지 들어 주고 때론 끄덕이고 때론 고쳐 주며 함께 있어 주는 일이 볕의 삶이다. 빛만 쫓다가 말년에 빚의 삶을 살 수 있다. 경제적 결핍을 의미하는 게 아니라 거리를 두거나 꺼리는 존재로 전락하는 삶이다. 친구들 관계는 결코 빛의 관계가 아니다. 그래서도 안 된다. 우정은 볕의 관계이다.

    동창 가운데 다른 친구들보다 훨씬 일찍 대기업의 임원을 거쳐 대표 이사나 부회장 등 가장 높은 자리까지 올라갔던 친구들이 있다. 친구들이 함께 축하해 주었지만 때론 선망과 함께 은근히 시기하는 경우도 있었다. 빛나는 친구들이었다. 거기까지 올라가는 데에 얼마나 많은 노력과 행운이 따랐을까? 그러나 그 빛나는 친구들 가운데 다른 친구들에게 볕이 되는 친구는 뜻밖에도 적었다. 높은 곳에 올랐으니 낮은 데에 있는 이들이 낮아 보일 수도 있고 귀찮기도 할 것이며 자신을 진짜 좋아해서가 아니라 자신의 자리에 대한 선망과 약간의 이익에 대한 의도 때문에 가까이하려 한다고 여겼기 때문이었을 수도 있다. 자신의 빛에 대해서만 우쭐하지 볕에 대해서는 생각하지 않는다. 그런 친구들 중에는 그 자리에서 내려오자마자 스스로 나타나기를 꺼리는 경우도 있다. 자신에게 '빛'이 사라졌다 여기기 때문이다. 다른 친구들보다 경제적으로 쪼들릴 일은 없을 터이니 경제적 이유 때문에 모임에 나타나지 않는 건 아닐 것이다. 일찍이 퇴사하여 작게 자영업을 하는 친구들도 꽤 있다. 그 가운데 한 친구는 크게 흥하지도 망하지도 않고 꾸준히 자신의 일을 지속하고 있는데, 이런저런 모임마다 열심히 참석하고 표 나게 자랑하지 않으면서 지갑을 연다. 사실 그에게 친구들이 매력을 느끼는 건 그런 경제적 헌신이 아니라 다른 친구들에게 따뜻하게 말 걸고 진지하게 들어 주며 공감하는 태도 때문이다. 본인도 아주 넉넉하지 않은 걸 모두가 안다. 그러니 큰돈 쓸 일도, 쓰는 일도 없다. 그런데도 친구들은 그 친구만 오면 좋아한다. 그 친구가 하는 말은 대부분 "힘내라." 또는 "너 그런 점은 정말 멋지다."라는 등의 칭찬과 "언제든 연락해라. 밥이나 함께 먹자." 또는 "내가 언제 어디에 갈 예정인데 혹시 시간 되는 사람 있니?"라는 등의 제안이다. 듣기 좋으라고 으레 하는 말이 아니라 진심으로 그런 말을 하는 걸 느낀다. 그 친구와 함께 밥을 먹거나 차 한 잔 나누고 나면 이상하게도 마음이 편하고 따뜻해진다. 그에게서 '볕'을 느낀다.

나이 들어 가면서 자연스럽게 빛은 사라진다. 그 빛에 대한 미련을 버리지 못하는 건 어리석은 사람이다. 그래서 그런 모자란 사람들이 걸핏하면 "내가 왕년에" 운운하며 끝내 허세를 버리지 못한다. 그걸 젊은 사람들에게 던지면 '꼰대'가 된다. 과거를 사는 사람은 현재와 미래의 삶을 보지도 살지도 못하는 사람이다. 그런 과거는 회상과 추억의 위안을 줄는지 모르지만, 현재에 대한 신실함과 미래에 대한 희망 따위는 전혀 제공하지 않는다. 과거의 힘이 현재를 밀고 미래를 열어 주지 못한다면 그건 시간의 감옥에 불과하다. 한강 작가가 말한 "과거가 현재를 돕고 있다."라는 문장은, 시간의 감옥에 갇힌 과거가 아니라 지켜 냈어야 할 과거의 가치가 현재의 당위에도 적용되어야 한다는 신념과 용기를 만들어 낼 때 비로소 가능하고 의미 있는 문장이 된다. 과거를 살아온 어른들이 마지막 빛이 되는 건 오직 그 경우에만 가능하다 해도 지나친 말은 아니다.

빛이 사라진 걸 아쉬워하는 대신 볕에 관심을 쏟고 실천할 수 있는 기회를 갖게 되었다는 게 나이 들어 가는 즐거움이자 행운이라고 여기면 되지 않을까? 나잇값 한다는 게 거창한 것 아니다. 제 나이에 맞는 사고와 행동을 하는 것이다. 빛이 아니라 볕의 삶을 살아가는 것이다. 그거면 됐다. 누군가의 볕이 되어 주고 나 또한 누군가의 볕에서 온기를 느끼며 세상을 바라보고 사람의 향기를 느낄 수 있으면 그것 자체가 행복이 아니겠는가? 그래서 나는 〈곁과 볕〉이라는 이름을 가진 인문학 강의 공동체가 더 애틋하고 고맙다.

빛은 아름답지만 한순간이다. 볕은 한눈에 들어오지 않지만, 시간이 지나면 '느끼게' 된다. 부드럽고 따뜻한 볕의 삶이 아름답다. 누군가에게 볕이 될 수 있다면 그것 하나만으로도 삶은 가치 있고 아름답다.

존중받게 행동하는 어른이 된다는 것

· 3장 ·

내가 존중받는 지름길은
상대를 먼저 존중하는 것

2025년 4월, 프란치스코 교황이 선종했다. 많은 이가 그의 선종을 슬퍼한 것은 그가 재위 기간에 보여 준 인류애와 약자에 대한 배려와 연대, 그리고 개혁의 실천 때문이었을 것이다. 가톨릭 신자가 아니더라도 그의 존재는 든든했고 시대정신을 느낄 수 있었다.

2013년 3월 아르헨티나의 예수회 출신 베르골리오 추기경이 새로운 교황으로 선출되고 자신의 교황명을 '프란치스코'로 정했을 때 나는 꽤 놀랐다. 가톨릭 교회는 1400여 년의 역사를 가진 까닭에 '~세' 같은 이름이 흔했다. 전임자도 베네딕토 16세였으니 그 앞에 베네딕토라는 교황명을 가진 이가 이미 열다섯 명이 있었다는 뜻이다. 베네딕토는 유럽 수도회의 뿌리가 되는 베네딕토 수도회를 낳은 성인이다. 그러니까 그 이름을 자신의 교황명으로 선택한 이들은 베네딕토 정신을 계승하고 실천하겠다는 의지를 표명한 것이기도 하다. 그런데 프란치스코는 '~세'가 아니라 그냥 '교황 프란치스코'이다. 달리 말하자면 아무도 그 이름을 선택한 교황이 없는, 최초의 교황이란 뜻이다. 가톨릭 교회에서 프란치스코 성인의 위상은 매우 중요하고 크다. 그런데 왜 아무도 그 이름을 선택하지 않았을까? 그는 청빈의 대명사이다. 권력과는 가장 거리가 먼 인물인 셈이다. 그래서 어떠한 교황도 그 이름을 선택하지 않았다. 베르골리오 추기경이 교황이 되어 그 이름을 선택한 것은 매우 상징적이고 의미심장한 것이었다. 그래서 나는 그 점이 가장 놀랍고 신선했다. 그리고 그는 그 이름에 걸맞은 삶을 실천했고 그 의지를 마지막까지 실천한 교황이었다. 그는 특히 가난한 이들, 약자들의 아픔에 공감하고 그들을 대변했다. 그는 바티칸의 권력을 둘러싼 부패를 척결하고 교회의 낡은 관습과 규칙을 허무는 데에 앞장섰다. 한마디로 그는 프란치스코 성인의 검소한 삶을 실천하며 개혁가로서의 면모도 보이되 과격한 방식이 아니라 누구나 수긍할 수 있는 합리적이면서도 신속한 개혁의 선봉이었다. 사람들은 그가 남미 출신이기 때문에 해방 신학에 우호적일 것이라 단언했고, 교황 역시 개혁적 성향을 감추지 않았기에 보수적인 사람들은 그를 '빨갱이 교황'이라며 손가락질을 해댔다. 미국의 트럼프도 그중 하나였다. 가난한 사람들에게 빵을 나눠 주면 성인이라고 칭송하던 사람들이, 왜 가난한 사람들에게 빵이 없는 거냐고 물으면 빨갱이로 몰더라는 브라질의 돔 헬더 카마라 대주교의 말처럼 교회가 실천적으로 약자에게 다가가는 걸 불편하게 여기는 이들이 많다.

    교황으로 선출되었을 때 그의 나이는 77세였다. 노인이었다. 그러나 그는 개혁했고 부패를 척결하기 위해 노력했으며 실제로 그것을 수행했다. 물론 견고한 벽은 존재했고 그것을 모두 무너뜨리지는 못했지만, 최대한 그 기초를 다지려 했다. 그런 '노인'도 개혁하고 차별을 철폐해야 한다고 외쳤는데, 대한민국의 나이 든 세대가 여전히 자기 이익에만 충실하다면 부끄러운 일이다. 그런 이들에게 《프란치스코 교황 어록》[15]을 권한다. 프란치스코 교황은 박사 학위를 갖고 있었으며 대학에서 학생을 가르친 인물임에도 결코 어렵거나 현학적인 언어를 쓰지 않았다. 그는 평이하여 누구나 알아듣되 새길수록 깊이 울리는 묵직한 언어로 우리의 지치고 병든 영혼을 달래고, 세상의 불의와 편협과 욕망에 대해서는 단호하게 맞섰다.

    대한민국의 종교 사회는 매우 편협하고 배타적인 성향이 강하다. 특히 '이웃 종교'에 대한 무지와 근거 없는 증오는 사회악이 될 지경이다. 그런 이들에게 교황이 2013년 7월 이탈리아에서 했던 강론은

---

15 《프란치스코 교황 어록》, 김근수 편역, 동연출판사, 2025.

매우 인상적이다.

"오늘 밤 라마단 금식을 시작하는 사랑하는 무슬림 이민자들을 생각하며 그들에게 풍성한 영적 열매가 있기를 기원합니다. 교회는 더 품위 있는 삶을 추구하는 무슬림 여러분 곁에 있습니다."

간결한 두 개의 문장이지만 함축된 의미는 한 권의 책보다 강하다. 라마단을 철저하게 지키는 무슬림에 대한 존중은 유럽 사회에 오랫동안 널리 퍼져 온 이슬람 포비아에 대한 경종이기도 하다. 게다가 '이민자'는 약자가 아닌가? 반이민주의가 팽배한 유럽에서 '무슬림 이민자'에 대한 존중과 기원은 사무적인 인사가 아니다. 우리는 과연 그런 신중하고 품위 있는 인사를 대한민국에 있는 무슬림 노동자에게 건네고 있는가? 2014년 2월 바티칸에서의 강론은 한 걸음 더 나아가 연대와 투쟁이 필요할 때 머뭇거리지 말라고 조언한다. 우리는 모든 차별에 맞서 싸워야 하지만 그러면서도 포용과 관대함을 버려서는 안 된다고 조언한다. "교회가 마치 자신만의 빛이 있다고 믿는 것처럼 자신을 너무 많이 바라보는 실수"를 저지르지 말 것을 당부한다.

과연 우리는 외국인 노동자에게 각자의 신앙 활동을 하도록 보장하며 돕고 있는가? 대도시를 제외하곤 모스크가 없어서? 그런 점도 있지만, 본질은 그냥 싫은 것이다. 특히 이슬람에 대해서 혐오하는 정서를 가지고 있다. 잘 알지도 못하면서 그냥 싫어한다. 내 종교를 존중받지 못하면 누구나 자존감에 상처를 입는다. 입장 바꾸면 누구나 똑같다. 내가 존중받으려면 상대에 대해, 상대의 종교에 대해 존중할 수 있어야 한다. 상대방이 나의 문화와 종교를 인정해 줄 때 그에 대한 존경과 감사가 생긴다. 그게 평화와 공영의 기본적 태도이다. 그런 상호 이해와 관용에 대해 우리 어른들이 모범을 보이고 있는가? 오히려 앞장서서 그들을 혐오한다. 그런 이들에게 프란치스코 교황의 라마단 축복은 과연 어떻게 비쳐질까?

    이건 종교의 문제가 결코 아니다. 우리의 태도와 문화를 말하는 것이다. 물론 나와 다른 신념을 온전히 용인하는 게 결코 쉬운 일은 아니다. 그러나 인정하는 것과 배타적으로 밀어내며 혐오하는 것은 전적으로 다르다. 나이 들면 신념도 바뀔 수 있다. 물론 끝까지 지켜야 할 신념도 있지만, 가치관이나 세계관이 바뀌면 신념도 자연스럽게 바뀐다. 아니 바뀌어야 한다. 이미 지구촌이라는 말 자체가 촌스러운 말이 된 세상이다. 전 세계 이슬람교도가 약 13억 명으로 추산된다. 지구인의 4분의 1이다. 불교도는 5억 명, 힌두교 신자는 11억 명이다. 가톨릭과 개신교 그리고 정교회 다 합쳐서 기독교도는 약 21억 명이다. 도대체 언제까지 서로 미워하며 배척할 것인가? 그리고 그것이 현대 사회에서 가능하기나 한가? 그걸 고쳐 줘야 할 사람이 어른들이다. 그런데 더 편협하고 옹색하며 배타적이라면 답이 없다. '이웃 종교'에 대한 이해와 존중은 지구인으로서, 세계 시민으로서 마땅히 갖춰야 할 시민권의 조건일 뿐 아니라 잘 이용하면 뜻밖의 이익을 얻을 수도 있다.

 살아 보니 내 종교 안에서만 똘똘 뭉치고 다른 종교는 악마화하며 배척하는 게 그리 대단한 것도 아니고 선한 일도 아니라는 걸 깨닫는다. 그걸 깨닫지 못하면 나이 헛먹은 것이다. 유연하게 인정하고 포용하는 관용이야말로 지금 우리가 갖춰야 할 미덕이다. 어른들이 그 모범을 보여야 한다. 그게 되어야 약자에 대한 배려와 연대도 훨씬 더 쉽고 단단해진다. 어른이라면 갈라 치기보다 이어 주며 화해하도록 주선하고 서로 연대하여 더 나은 세상으로 함께 나아갈 수 있도록 격려해야 한다. 그런데 낯살이나 먹은 어른들이 오히려 더 옹졸하고 배타적이라면 그건 부끄러워야 할 일이다.

 프란치스코 교황은 2015년 79세에 처음으로 미국을 방문하면서 아프리카는 착취당한 대륙이었음을 상기시켰고 "장벽은 해결책이 될 수 없지만, 다리는 해결책이 될 수 있습니다."라며 강대국 미국의 각성을 촉구했다. 2014년 여름에 대한민국을 방문한 교황은 한국의 민주주의가 계속 강화되기를 희망한다고 천명하며 "정의는 우리가 과거의 불의를 잊지는 않되 용서와 관용과 협력을 통하여 그 불의를 극복하라고 요구합니다."라고 강조했다. 특히 당시 세월호 유가족들을 만나 위로하며 했던 말은 오랫동안 우리를 감동시켰다. "세월호 리본을 반나절 달고 있었는데, 누군가 저에게 다가와서 '세월호 리본을 떼는 것이 좋겠습니다. 교황님은 중립을 지켜야 하십니다'라고 말했어요." 그러나 교황은 단호하게 말했다. "인간의 고통 앞에서 중립은 없습니다!" 그 한마디는 우리의 무딘 심장을 울렸다. 교황의 언어는 단순히 특정 종교의 수장의 말에 그치지 않는다. 물론 그러려면 세계인을 움직일 수 있는 관심과 애정이 담겨 있어야 하고, 깊은 통찰과 영성으로 공감을 이끌어 내는 힘이 담겨 있어야 한다. 프란치스코 교황은 그런 삶을 표상하고 실천했다.

나이 들어 가면서 세상을 넓게 보는 게 아니라 오히려 살아온 이력과 경험을 더 좁히고 아집과 편견으로 재단하며 별것 아닌 것에 삐치고 투정하는 건 보기에도 흉하다. 한 뼘이라도 너그럽게, 한 걸음이라도 더 약자 편으로 다가가야 한다. 장애인에 대해 가졌던 편견과 불편함의 시각을 아직도 갖고 있다면 빨리 버려야 한다. 장애인의 자유로운 이동권을 위해 지하철역 하나 점거하며 농성하면 길길이 뛰며 그들을 제거할 생각만 하거나 그들을 제압하는 공권력에 안도하는 어른이 있다면 야단치고 그들의 권리에 대해 함께 고민하고 최대한 수용해야 한다고 말할 수 있는 어른이 되어야 한다. 마치 우리는 예외일 것처럼 구는 건 천하의 바보짓이다. 조금만 더 너그러워지자.

내가 존중받는 지름길은 상대를 먼저 존중하는 것이다. 상대가 나의 문화와 신념을 인정하고 보호해 줄 때 누구나 큰 감동을 받는다. 그게 사회와 인생의 지혜다. 그 모범을 보여 줘야 하는 게 어른이다.

젊은 세대를 응원하고 지원하는

어른이 된다면

2024년 후반기에 강의 때문에 전주에 네 차례 다녀왔다. 책을 사랑하고 예술을 즐길 줄 아는 시민들의 자부심과 긍지가 꽤 높은 도시이다. 전임 시장은 유난히 책에 대한 관심이 높았다. 그래서 그와 관련된 여러 프로젝트와 그에 상응하는 프로그램이 활기차게 이루어졌다. 그런데 묘하게도 생동감은 없다고 느꼈다. 물론 그것은 전적으로 개인적인 느낌이니 객관적 근거와 타당성은 없겠으나 시민들 스스로도 그건 인정하는 눈치였다. 하나의 도시가 역동적이고 젊어지려면 어떻게 해야 할까?

지금 대한민국 지방 자치 단체의 단체장의 평균 나이는 얼마일까? 50대 중후반에서 60대 초중반이 가장 많을 것이다. 어떤 곳은

70대도 있고 드물게는 40대 시장도 있다. 거저 얻은 자리 아니고 그저 잘나서 앉은 자리 아닐 것이다. 나름 열심히 살았고 많은 경험을 쌓았으며 명망을 얻었기에 주민들로부터 많은 표를 얻어서 힘들게 올라간 자리이다. 물론 아직도 좋은 대학, 좋은 직업 누리다 온 사람들에 대해 선망과 기대를 갖고 있는 이들이 많아서 그런 이들이 유리하고 지역에 따라 특정 정당의 후광이 가장 크게 작용하는 까닭에 미래 비전보다 지역 유지들과의 연대와 이권에 민감할 수밖에 없다. 당사자들이 아무리 아니라고 부정해도 현실은 대부분 그렇다. 심지어 지방 의회 의원들까지도 꽤 많은 이들이 공식적인 이권 단체 혹은 로비스트에 가까운 경우를 본다. 이제 판을 바꿔 보는 건 어떨까?

청년이 옳다는 믿음으로 그들을 응원하고 자문의 역할에 충실하며 그들이 세운 정책을 신뢰하고 견제하며 응원하는 시니어 서포터즈가 되면 그 도시는 역동적으로 변신할 수 있다. 청년들에게 도시의 운전대를 과감하게 맡겨 보자. 청년들이 세운 정책이 시대정신이고 미래 의제이다. 역동적인 대한민국의 힘과 미래는 청년의 기개에서 온다. 머뭇거릴 게 아니다.

나는 이제 우리도 30대 시장을 뽑아 보자고 제안한다. 어른들 눈에는 미숙하게 보일지 모르지만, 그들은 능력과 비전을 갖췄다. 무엇보다 그들은 디지털 환경에 대한 친숙도와 다루는 효율에서 어른 세대를 완전히 능가한다. 사고도 훨씬 더 민주적이고 집단 지성에 대한 신뢰도 깊어서 어른들처럼 독선적이거나 강압적이지 않다. 청년 시장은 일방적 명령보다 직원들과 토론하고 외부의 자문에 귀를 기울이며 집단 지성을 이끌어 낼 수 있다. 당연히 조직도 민주적으로 이끌 수 있고 다양하고 역동적인 콘텐츠를 생산할 수 있다. 그게 미래지향적 역동성을 이끌어 낸다. 그게 바로 미래의 경쟁력이다. 어른들에 비해 경험이 적을 수밖에 없지만, 솔직히 이제 경험의 크기는 별로 중요하지 않다. 청년 시장의 부족한 경험과 지혜는 어른들이 도우면 된다. 그들은 지역의 토호 세력에 흔들릴 일도 덜하다. 이해관계로 맺은 인간관계가 상대적으로 적기 때문이다. 30대 시장? 꿈은 아니다. 기성세대가 기득권을 내려놓으면 가능하다.

이제 나이 든 사람들은 뒤로 물러서자. 어른들이 모든 걸 독점하는 건 역동적 미래로 가는 길을 막는다. 각 정당이 다음 지방 선거에서 30대 시장을 공천하여 유권자에게 선택받게 하는 프로젝트를 지금부터라도 준비해야 한다. 30대 시장을 뽑는 데에 지금의 지역감정에 기반한 정치적 지형을 최대한 활용하는 것도 가능하다. 서울이나 중부 지역에서는 30대 시장이 쉽지 않을 것이지만, 특정 정당 후보를 향한 지지가 강한 영남과 호남에서라면 가능한 일이다. 그걸 최대한 활용하면 청년 정치인들이 지역감정도 누그러뜨리고 미래 의제를 이끌어 내며 대한민국의 앞날을 펼쳐 갈 것이다. 시민들이 응원하면 가능하다. 그렇게 뽑히고 성장한 사람이 나중에 대권에도 도전할 수 있다. 아무런 정치적 역량도 쌓지 못한 자가 불쑥 대권 후보로 부상하여 대통령이 되어서는 정작 아무런 정치적 능력도 보여 주지 못하고 자신의 아집만 휘두른 걸 목격한 경험을 기성세대가 성찰하면 이런 청년 정치인을 키우는 게 얼마나 중요한지 실감하게 될 것이다. 쉽지 않다고 미리 주저앉을 일이 아니다.

굳이 30대에 국한할 것도 아니다. 20대면 어떻고 40대면 어떤가? 나이가 중요한 게 아니다. 문제는 '청년의 의식과 패기'가 있는가에 있다. 이미 산업계에서는 청년들의 활약이 두드러진다. 그들이 미래를 이끈다. 디지털 세상에서 활약하는 청년들은 이미 넘친다. 문화와 기업의 영역에서도 마찬가지이다. 그런데 정치에서는 거의 전멸 상태이다. 그렇게 씨앗을 심고 모종을 가꾸고 키우는 경험 자체가 거의 없었다. 물론 꿈을 가지고 정치에 뛰어들어 차근차근 단계를 밟아 가는 청년이 아예 없는 건 아니지만, 설령 있다 하더라도 진입 장벽이 너무 높고 혼자의 힘으로는 감당하기 어렵다. 거기에 어른들의 도움이 필요하다. 물론 본인 스스로가 시의원 등의 경험을 바탕으로 차근차근 정치적 능력과 역량을 키우는 것이 선행되어야겠지만, 거기에 어른들의 도움이 있고 그런 연대를 통해 성숙하게 성장하는 사례를 이제 우리가 만들면 되지 않겠는가? 청년을 무시하거나 낮춰 보는 건 기성세대가 흔히 저지르기 쉬운 실수이다. 그걸 너무 오래 보아 왔다.

지역주의에 기반한 정당 정치의 폐해만 지적할 게 아니라 그것이 갖고 있는 특징을 반대로 잘 살려서 청년 정치인을 키워 내면서 그들로 하여금 지역주의를 스스로 타파하고 민주주의와 정의를 실천하여 최선의 대한민국을 마련할 수 있는 밑돌을 마련할 절호의 기회로 삼아야 한다. 어른들이 먼저 움직여야 한다. 설령 그게 청년의 자생력에 바람직한 요인이 되지 않는다 하더라도 처음에는 그런 조력이 필수적이다. 결국 어른들이 각성하여 그들을 솎아 내고 참신하고 건강한 젊은 정치인들로 대체해야 한다. 그렇게 태어난 젊은 정치인들이 자신의 공동체인 도시의 미래를 설계할 수 있고, 그 힘을 어른들이 뒤에서 밀어 줄 수 있다면 그보다 바람직한 것은 없다.

도시를 역동적으로 바꿀 수 있는 젊은 시장을 만드는 게 우리의 미래와 대한민국의 가능성을 마련할 디딤돌이 될 것이다. 그 위대한 선택을 꿈꿔 보자. 청년을 믿고 그들에게 맡겨 볼 때가 되지 않았는가?

어른들이 할 수 있는 가장 멋진 일 가운데 하나는 청년을 밀어 주고 그들이 사회 공동체를 보다 역동적이고 미래 지향적으로 만들어 가도록 도와주는 것이다. 청년을 믿고 밀어 주는 어른, 어려운 일이 아니지 않은가?

왜 아이를 낳지 않느냐고 묻는 대신에

한 탤런트의 가족이 소개된 프로그램을 봤다. 무려 13남매(8남 5녀)의 맏이란다. 믿기지 않는다. 요즘은 자녀가 세 명 이상만 되어도 '다둥이 가족'이라며 놀라는 현실이니 열세 명이나 되는 형제자매 수는 상상조차 어렵다. 그러나 지금의 60대만 해도 10남매 안팎의 친구들을 어렵지 않게 볼 수 있었다. 가족이 많은 건 축복이 아니라 저주였고 가난의 지름길이었다. 오죽하면 가난을 벗어나기 위해서는 '식구(食口)' 수를 줄여야 한다며 정부에서도 강력한 산아 제한 캠페인을 했을까? "덮어놓고 낳다 보면 거지꼴을 못 면한다."라는 구호의 포스터까지 나올 정도였다. 지금 보면 코미디 같지만 당시 현실이 그랬다. "삼천리는 초만원"이라거나 "아들 하나 때문에……"라는 포스터도 여기저기 붙였다. 본격적인 산아 제한 캠페인은 "알맞게 낳아 훌륭하게 기르자."에서 시작되어 "둘만 낳아 잘 기르자."로 절정을 이루었고 나중에는 "잘 키운 딸 하나 열 아들 안 부럽다."라며 하나만 낳아 제대로 키우는 게 좋다는 캠페인으로 집중되었다. 그 정도로 인구를 줄이기 위해 안간힘을 썼다. 가난을 면하고자 어쩔 수 없이 그 정책을 따랐다. 산아 제한 시술을 받으면 혜택도 줬다. 심지어 며칠씩 머무는 예비군 동원 훈련에서 정관 수술을 받으면 중간에 보내 주기까지 했다. 그래도 한 가구당 서너 명의 자녀가 있었다.

그러다 갑자기 1990년대 들어 출산율이 급감하기 시작했다. 가난에 대한 공포는 사라졌는데 왜 그런 일이 생겼을까? 가장 큰 이유는 부모들 스스로 대한민국에서의 삶이 행복하지 않다고 여겼기 때문이었을 것이다. 가장 행복하고 자유로워야 할 청소년기는 오직 입시 전쟁에 시달리고, 그나마도 원하는 대학에 들어갈 확률은 10퍼센트 남짓이니 돌아올 보상은 빈약했다. 좋은 직장을 얻지 못하면 평생 어렵고 가난하게 살아갈 확률이 높아진다. 나는 그걸 견디며 살았지만 내 아이에게까지 그런 삶을 물려주고 싶지 않다. 나는 부모보다 나은 삶을 누린 첫 세대지만 내 아이들은 부모보다 못사는 첫 세대가 될 조짐을 읽었으니 아이 낳는 게 자신이 없다. 그런데 여러 꿈을 꿔야 할 청소년기에 입시 전쟁에 내몰리니 자신들보다 더 가혹한 삶이라는 걸 실감할 수밖에 없다. 경제적 여유가 있는 사람들이 아이를 외국으로 조기 유학 보낸 건 이 나라에서 불행하고 전쟁 같은 청소년기를 보내지 말고 낯설고 힘들어도 차라리 외국에서 그 시기를 보내는 게 낫다고 여겼기 때문이다. 교육비 등 사교육에 들어가는 비용과 에너지가 너무 가혹하다 여겼다. 심지어 아이들 때문에 많은 걸 희생해야 했다. 우리나라 여름휴가가 7월 말에서 8월 초에 몰려 있는 것도 학원들이 그때 휴가를 주기 때문일 정도이다.

또 한 가지 중요한 이유는 외벌이로는 도저히 집 마련하고 아이를 양육하는 게 버거워 대부분 맞벌이를 해야 하기 때문이다. 아이를 낳아도 길러 줄 사람이 없으면 부모 중 하나가 직장을 포기해야 하는데, 그러기에는 경제적으로 수입이 절반으로 줄고 지출의 비용은 배로 늘게 될 뿐 아니라 자기실현의 기회까지 박탈당하는 것이 뻔한 상황에서 아이를 낳는다는 건 결코 쉬운 결정일 수 없다. 퇴직은 아니더라도 장기간 출산과 육아로 휴직하게 되면 경쟁에서 뒤떨어질 것이 두렵다. 특히 여성들의 경력 단절에 대한 두려움이 강했다. 그나마 지금의 나이 든 세대는 졸업 후 5~7년쯤 절약하고 고생하면 내 집 마련이 가능했지만 갈수록 그 기간이 늘어나는 부담을 도저히 감당하기 어렵다. 그렇다고 우리 사회가 아이의 양육과 교육을 공적으로 지원해 주는 체계이기는커녕 각자도생하기 바쁜 상황이니 이 시기에 걸친 부모들이 출산을 포기하는 경우가 많았다.

결정적인 건 1997년에 대한민국을 한순간에 혹한으로 몰아넣은 외환 위기 때문이었다. 힘들어도 그나마 계속되는 성장의 열매를 맛보며 버텼는데, 어느 날 갑자기 대량 해고가 여기저기에서 나타나고 직장 생활을 유지한다는 것 자체가 행운인 상황에서 결혼과 출산은 꿈도 꾸지 못하거나 아예 일찌감치 포기하는 경우가 속출했다. 몇 년 뒤 그 위기를 벗어났어도 고용 불안정은 계속되었고 불안과 공포는 사라지지 않았다. 내 집 마련은 아득해서 다른 행성에 사는 느낌이었다. 그런데 어른들은 자신들이 살아온 세상 경험만 따지지 젊은이들의 삶에 대해 공감하거나 배려하는 일은 없었다. 그게 출산율이 급격하게 떨어진 결정적인 계기다.

출산율이 떨어진 결정적 계기 가운데 하나가 바로 그 문제였는데 피부로 느끼는 체감은 2005년을 지나 2010년쯤부터 본격적으로 시작되었다. 그러니 대책은 대증적 요법에 그쳤다. 기껏해야 아이를 낳으면 재정적으로 지원하겠다거나 여러 혜택을 제공하겠다는 등의 대책이었다. 그러나 이미 청년들은 결혼 비용을 마련하는 것 자체가 제 힘만으로는 버겁고, 앞서 말한 것처럼 외벌이로는 도저히 가계를 꾸려 갈 자신이 없으니 맞벌이 부부가 당연하게 여겨지는 상황이며 그나마도 고용 안정성이 떨어지는 환경에 아이를 낳는다는 건 재정적으로 두려울 수밖에 없다. 그리고 무엇보다 자신들이 살아온 어린 시절이 결코 행복하다고 느끼지 못할 만큼 각박하고 치열해서 그걸 반복시키고 싶지 않은 생각도 든다. 그래서 결국 출산을 포기한 것이다. 오죽하면 부부가 사랑스러운 자식을 갖는 것을 기꺼이 포기하겠는가?

온갖 출산율 제고 대책이 쏟아졌다. 그것을 담당할 특별 기구와 부서도 꾸렸다. 천문학적 예산도 배당되었다. 그러나 정작 그에 대한 정책을 마련하고 시행하는 주체에서 청년은 배제되었고, 정책 입안과 결정의 모든 권한은 기성세대의 손에 쥐어 있었다. 그러니 무슨 제대로 된 대책이 나올 것이고 장기적인 정책이 마련될 수 있겠는가? 이제는 합계출산율에 1.0을 훨씬 밑돌게 되어 대한민국의 미래에 암울한 조짐이 되고 있다. 그런데도 여전히 말로만 위기라 떠들지 어떠한 구체적 해결책도 제공하지 못한 채 수수방관, 속수무책이면서 정작 청년들에게 발언권과 결정권을 주지 않는다. 공감 능력도 없는 기성세대는 어떤 대안도 마련하지 못하면서 비효율적으로 예산만 퍼붓고 있다. 지금까지 출산율을 높이겠다고 퍼부은 돈이 어마어마하다. 그러나 실질적 효과는 미미하다. 그게 지금 우리의 현실이다. 그런데도 엉뚱하게 어른들은 젊은 세대들이 이기적이어서 아이를 낳지 않으려 한다며 분노하고 있으니 세상에 이런 한심한 상황을 도대체 어떻게 이해해야 하는가?

지금의 나이 든 세대는 거의 두 명 정도의 자녀를 낳아 길렀을 것이다. 그때가 더 나은 세상이었고 경제적으로 안정적이었는가? 아니다. 더 가난했다. 그래도 결혼은 반드시 해야 하는 것으로 여겼고, 마음에 드는 상대가 있으면 용기를 내어 사귀자고 제안했다. 그렇게 교제하다 서로 마음이 맞고 혼인할 상대라 여기면 양가에 가서 결혼 승낙을 받았다. 도대체 뭘 믿고? 적어도 학교를 졸업해서 직장을 얻으면 한 가정은 꾸려 갈 수 있다는 걸 모두가 알고 받아들였기 때문이다. 운이 좋으면 대출도 받고 분양도 받아 집도 마련할 수 있었고, 몇 년 고생하면 그게 내 집이 되었으며 부동산 가격 인상에 따라 때로는 연봉을 훨씬 상회하는 차액을 맛볼 수 있었다. 그렇게 점점 더 큰 집으로 옮겨 가는 게 우리들 삶의 일반적 형태였다. 지금의 청년들에게 그런 기회가 있을까? 거의 미션 임파서블이다.

 진정 출산율을 증가시키고자 하는 열의가 있다면 '아이 하나 낳으면 얼마, 둘 낳으면 얼마' 하는 식의 땜질 처방에 매달릴 게 아니라 사회 안전망을 제대로 구축하고 계층 이동 가능성을 높이며 최소한 안정된 고용 환경을 마련하는 등의 본질적 정책을 마련해야 한다. 그리고 무엇보다 청소년 시기가 행복할 수 있다는 현실적 가능성을 찾아내야 한다. 그건 무시한 채 그냥 아이를 낳으란다. 사랑하는 부부가 이기적이어서 아이를 낳지 않는 게 아니다. 도대체 아이를 키울 상황이 아닌 것이다. 언제 쫓겨날지 모르는 고용의 불안정과 조금의 개선도 보이지 않는 교육 전쟁 등의 회오리에서 견뎌 낼 자신이 없는데 무슨 애를 낳겠는가? 사회와 국가는 책임지지 않으면서 각자도생으로 내모는데 그런 환경이라면 내 입장이라도 아이 낳는 것을 깊이

고민할 수밖에 없을 듯하다. 출산을 포기한 상황에 대한 깊은 통찰과 공감의 인식 없이 왜 아이 낳는 것을 회피하느냐고 다그치는 한 이 문제는 한 걸음도 나아지지 않을 것이다.

세상이 아무리 힘들어도 희망이 보이면 버틴다. 그런데 아무리 살펴보고 따져 봐도 뾰족한 수가 없고 직업은 불안정하고 내 집 마련은 요원한데 무슨 희망을 가질까? 나는 이왕 태어났으니 버티고 살아야 하지만, 내 자식도 그런 삶을 살아야 한다면 그게 무슨 의미가 있을까 고민하는 젊은 부부에게 사탕발림으로 애를 낳으라고 할 수는 없는 노릇이다.

발버둥 쳐 봐야 돌아오는 일자리는 비정규직 일자리뿐이고 심지어 '제로 아워' 계약까지 다반사라면 어떨까? 나이 든 세대는 '제로 아워' 계약이라는 용어 자체가 생소할지 모른다. 비정규직 파트타임 아르바이트도 근로 계약서를 작성한다. 그런데 예를 들어 식당을 운영하는 업주의 입장에서는 점심과 저녁에 많이 바쁘고 그 외의 시간에는 한가해서 굳이 노는 시간에 시급을 지급하는 게 손실이라 여긴다. 노동력이 부족하면 어쩔 수 없지만 그런 일을 기꺼이 할 노동력이 넘치면 어떻게 될까? 점심 시간과 저녁 시간에만 아르바이트를 쓸 것이다. 근로 계약서도 필요 없다. 필요한 시간에만 아르바이트를 받으면 된다. 어떻게? 전화나 SNS를 통해 올리면 된다. 그러면 노동력을 제공하려는 사람들은 어떻게 될까? 선착순이니 업소에서 멀리

떨어져 사는 사람은 불리하다. 그래서 일단 그 시간쯤에 가게 주변을 서성이다 고지가 뜨면 곧바로 달려가서 일하고 시급을 받는다. 커피 값도 아까우니 근처 길에서 배회한다. 그러다 부르는 전화가 오면 쏜살같이 달려가 일한다. 끔찍하다! 그게 바로 '제로 아워 계약$^{\text{zero hour contract}}$'이다.

현직 국제부 기자 두 명이 쓴 《10년 후 세계사》[16]에서는 이 문제를 매우 세밀하고 구체적으로 다루고 있다. 이 책이 나올 당시 영국의 경우 전체 노동 인구의 2퍼센트인 58만 명이 제로 아워 노동자였다. 이제는 국제 사회에서 정의와 공정, 그리고 복지와 행복이라는 공공적 어젠다는 사위고 있다. 공존과 통합을 외치던 유럽 국가들은 2008년 금융 위기 이후 저마다 제 살길 찾기에 바빴다. 희망이 아니라 비극적 전망을 해야 하는 건 잔인하다. 그러나 곧 다가올, 아니, 이미 도착한 현실이다. 문제는 그 몫이 주로 청년들의 것이라는 점이다. 잘난 어른들은 제 자식 그런 일 없게 여기저기 꽂을 테니 그럴 걱정 없겠지만, 그걸 방치하는 건 죄악이다. 다음 세대에게 해서는 안 되는 짓이다. 내 자식들이 휴대폰 들고 건물 주변을 배회하는 모습을 상상해 보라. 그러면서 희망을 가지라고? 꿈을 가지라고? 꿈꿀 시간도 없

---

16 《10년 후 세계사》, 구정은·정유진 지음, 추수밭, 2015.

다. 근무 시간을 줄여 달라는 요구가 아니라 일할 시간을 늘려 달라고 애걸하는 청년들에게 기껏 '제로 아워' 계약서를 내미는 현실은 그냥 받아들일 일이 아니다. 예고 없이 올 전화를 기다리며 배회하는 '호출 노동자'의 삶을 기정사실화하는 데에 앞장서는 흐름에 저항해야 한다. 그게 어른들의 몫이다. 자기네들은 단물 다 빨아먹고 다음 세대에게는 "어쩔 수 없어. 그게 현실이야."라고 발뺌하는 비겁한 폭력을 멈춰야 한다. 비용 절감을 무조건 '인건비'로 생각하는 단순 무식한 사고를 깨뜨려야 한다. 저출산 문제에 관심이 있다면 그 문제부터 성찰해야 한다.

어른들은 듣도 보도 못한 것이라 황당한 이야기로 여겨질지 모르지만 이미 현실의 일부가 되고 있다. 그런 환경에서 결혼과 출산이 가능할 수 있을까? 운 좋게 결혼해도 아이를 갖기란 쉽지 않다. 키우고 가르치는 것 자체가 엄청난 비용이다. 그래서 포기하게 된다. 솔직히 내가 그 입장이라도 그럴 것 같다. 옆에서 자꾸 아이 낳아야 한다고 채근하면 멱살을 잡거나 엉덩이를 발로 차 버릴 것 같다. "해 준 것도 없으면서, 왜 나만 갖고 그래!" 이미 결혼이 특권이고 출산은 꿈이 된 세상이다. 그건 묻지 않으면서 애만 낳으라고 하는 나이 든 자들은 뒤로 빠지시라.

그렇다면 어른들은 무엇을 해야 할까? 젊은이들이 안정적인 일자리를 얻고 배우자와 함께 가정을 꾸리며 자녀를 출산하고 싶어 할 환경을 조성하도록 여론을 만들어야 한다. 물론 지금까지 그런 여론이 없어서 이런 상황이 벌어진 것은 아니다. 하지만 그저 겉치레이거나 면피용으로 떠들었던 것에 불과한 경우가 많았다. 어른들이 뒷짐 지고 관망만 할 게 아니다. 정말 내 손녀, 손자가 보고 싶고 그 아이들이 멋진 세상에 태어나 아름답게 살기를 바란다면 모든 아이들이 행복할 수 있는 그 조건을 마련하라고 강력하게 나서야 한다. 무슨 힘으로? 첫째, 아직 인생의 배터리가 조금은 남아 있다. 그거 남겨서 어디에 쓸까? 이런 데 쓰면 된다. 둘째, 우리에게는 강력한 투표권이 있다. 우리가 후보자들에게 그런 정책 여부를 묻고 그런 정치를 실천하겠다는 정치인을 뽑겠다고 천명하고 그것을 위해 선거 운동에 적극적으로 뛰어들면 된다. 그것만으로도 무시하지 못할 것이다. 그냥 노인들 표는 자기네 고정표라고 생각하는 멍청한 작태를 깨뜨려야 한다. 우리가 그 정도는 할 수 있지 않은가? 그리고 할 게 그것 말고 또 없지 않은가?

그렇게 한 뒤 청년들이 이 문제에 관해 직접 정책을 만들고 결정할 수 있는 권한을 마련할 수 있게 하면 우리로서는 할 바를 어느 정도 한 셈일 것이다. 그거라도 해야 하지 않겠는가? 나이 들었다고 대접해 주고 존경해 주기만 바랄 게 아니다. 존경받을 일을 하면 된다. 그게 가장 기본적인 나잇값이다. 나잇값 하는 게 쉬운 일도 아니지만 그리 어려운 일도 아니다. 최소한 이 문제에 대해서만큼은 청년들에게 모든 권한을 넘겨 주시라.

> 내가 살아온 세상의 방식으로 다음 세대를 재단하지 말아야 한다. 청년의 고민이 무엇인지, 그 문제 해결을 위한 핵심과 본질은 무엇인지 고민하고 의제를 설정해야 한다. 왜 아이를 낳지 않느냐고 물을 게 아니라 아이를 낳을 세상을 만들어야 한다. 그게 어른의 몫이다.

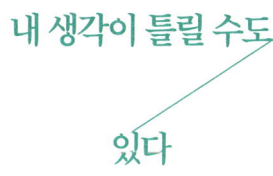
내 생각이 틀릴 수도 있다

흔히 안보와 경제라 하면 보수 정당을 떠올린다. 보수 정당 또한 그것을 자신들의 장점과 가치로 내세운다. 유권자들도 그렇게 생각하며 그들에게 표를 던진다. 그건 전 세계 거의 모든 보수 정당이 다 비슷하다. 생존을 위해 안보와 경제보다 더 중요한 것은 없다. 그러니 불안을 덜어 내고 성장하는 삶을 위해서는 때론 미심쩍어도 보수에 표를 던진다.

정말 그럴까? 그런 통념은 절대적일까? 《왜 어떤 정치인은 다른 정치인보다 위험한가》[17]라는 도발적인 제목의 책은 우리의 그런 통념

---

[17] 《왜 어떤 정치인은 다른 정치인보다 위험한가》, 제임스 길리건 지음, 이희재 옮김, 교양인, 2023.

을 깨뜨린다. 그 책의 결론은 이렇게 축약된다.

"보수가 집권하면 언제나 사람들이 더 많이 죽는다."

황당하지 않은가? 보수가 집권하면 경제가 살아나니 삶의 질이 더 나아지는 건 자명하고 경제적으로 윤택한 삶을 누리면 살인이나 자살이 크게 줄어들어야 하는데 그 반대라니 쉽게 수긍하기 어렵다. 우리는 이 책의 저자인 제임스 길리건이 정치학자가 아니라 정신의학자라는 점에 주목해야 한다. 그는 수십 년간 폭력 문제를 연구해 온 학자인데 통계를 분석하다 기묘한 수수께끼에 부딪혔다. 1900년부터 2007년까지 미국의 자살률과 살인의 통계였는데, 일관되게 자살과 살인의 비율이 오르락내리락하는 점에 주목했다. 도대체 살인과 자살의 비율은 왜 그렇게 같이 움직일까?

오랜 고민과 탐구 끝에 길리건은 그것이 대통령이 바뀌는, 즉 정권을 담당하는 정당이 교체되는 것과 맞아떨어진다는 점을 발견했다. 그러나 여전히 그 이유를 알 수 없었다. 그도 처음에는 보수 정당이 집권했을 때 살인과 자살이 줄어들고 진보 정당이 집권하면 일자리가 줄어들어 가계 경제가 위축되며 그 비율이 늘어날 것이라 예단했다. 그러나 정반대의 결과에 그 자신도 의아했다. 어떻게 보수 정당인 공화당이 집권했을 때 자살자와 타살자가 11만 4,600여 명이 더 많을 수 있는가? 우연의 일치였을까? 그러나 그것이 반복된다면 우연은 아니다. 그렇다면 우리의 통념이 잘못된 것이거나 정신의학자의 편향된 해석의 결과일 것이다.

　길리건은 이러한 통계가 유의미한 것인지 분석했다. 그는 지난 100여 년 동안 미국의 인구 변화, 실업, 불황, 불평등 같은 사회적 변수가 어떤 상관관계를 갖는지 여러 통계와 기존의 다양한 연구 성과들을 조사한 끝에 어떤 정권이 집권하느냐에 따라 자살률과 살인율 사이에 명백한 인과 관계가 있다는 사실을 밝혀냈다. 그러면서 왜 우리의 통념과 달리 '경제와 안보'를 내세우는 보수 정당이 집권했을 때 자살과 살인의 비율이 높아지는지 설명한다.

　보수 정당인 공화당을 지지하는 사람들은 주로 부자, 기업과 백인이다. 그 유권자들은 부를 움켜쥐고 있어 그들의 선택을 따라가면 경제가 풀릴 것이라는 환상을 가졌다. 트럼프를 뽑은 백인 하층민들도 그런 소망을 가졌다. 부자들은 공화당에 거액의 정치 헌금을 기부한다. 미국 선거는 돈의 전쟁이다. 그러나 세상에 공짜 돈은 없다. 공화당이 집권하면 그들이 원하는 반대급부를 줘야 한다. 그것은 무엇일까?

　부자와 기업은 자유 시장 경제가 만능이며 우월하다는 점을 강조한다. 그들이 원하는 것은 최대한 규제를 철폐하는 것이다. 그 핵심은 쉽게 해고할 수 있는 자율성 혹은 노동 유연성이다. 그래서 공화당이 집권하면 대량 해고가 나타난다. 빈곤, 불평등, 실업이 증가한다. 그 와중에 해고된 사람은 자신이 쓸모없는 사람이 되었다고 느낀다. 무력감과 수치감이 깊어지고 그 감정이 폭력을 부추기고 자살과 살인의 증가로 이어진다. 결국 권위주의적 보수 정당은 사회의 안정을 강조하지만, 사실은 사회의 위계질서를 존중하며 불평등을 자연의 법칙이라고 강변하는 것과 다르지 않다는 것이다. 그래서 길리건은 "우리가 어느 쪽에 투표하는지에 삶과 죽음이 달렸다."라고 단호하게 말한 것이다.

물론 이러한 길리건의 결론에 모든 사람이 동의하는 것도 아니고 그것이 절대적인 것은 더더욱 아니다. 또 그런 분석을 대한민국의 정당과 정치에 그대로 적용하거나 보편화할 수 있는 것도 아니다. 그러나 어느 정도 비슷한 점 또한 인정할 수밖에 없다. 해괴하게도 준법정신을 강조하는 이 나라의 보수 정당은 장기 독재를 꿈꾸거나 쿠데타를 일으켰으며 심지어 친위 쿠데타를 자행했다. 그런 악행을 목격하고 감내해야 했던 기성세대는 그 엄연한 사실을 기억하고 다음 세대에 전하며 다시는 그런 야만의 시간이 되풀이되지 않도록 할 의무가 있다. 2024년 12·3 계엄이라는 친위 쿠데타를 막은 건 그 의무를 소홀히 하지 않은 기성세대와 불법과 독재를 용납하지 않겠다는 청년 세대의 위대한 컬래버레이션이었다.

기업은 이익의 극대화를 위해 끊임없이 규제 완화를 요구하며 때론 애원하고 때론 협박을 마다하지 않는다. 그건 기업의 숙명이다. 그러나 그게 국민들까지 감내해야 할 숙명은 아니다. 그런데도 우리는 그걸 당연하다는 듯 수용했을 뿐 아니라 지금도 기업의 이익을 키워야 한다는 논리를 지지한다. 기업의 이익이 커져야 고용이 증가하고 임금도 증가하기 때문이다. 그러나 합리적 이익의 분배가 아닌 이익의 독점을 정당화하는 것까지 용인할 수는 없다. 그걸 비판하는 게 어른들의 몫이다. 우리는 어쩔 수 없이 그것을 감내하며 살아야 했지만, 그게 굳어져 마치 대대로 이어져 내려오는 가문의 보물인 듯 마구 휘두르는 건 꾸짖는 게 그 강을 건너온 우리들의 책무이다.

앞서 길리건의 지적과 분석을 액면 그대로 모두 다 수긍하기는 어려울지 모르지만 나름의 설득력이 있으며 상당 부분 수긍할 부분이 있다는 점을 부인하기는 어렵다. 우리 역시 그런 통념의 틀에 오랫동안 갇혀 있었다. 특히 과거 산업화 경제에 익숙한 기성세대들은 자신들이 잘 나갔을 때가 대부분 군부 독재 시절이거나 그 후계자들이 집권하던 시기, 관치와 정경 유착의 시기라는 점에서 보수 정당이 집권하는 게 경제와 안보 면에서 우월하다고 생각한다. 많은 이들이 노동조합의 지나친 임금 인상이 생산비 경쟁력을 쇠퇴시켜 경제 발전에 장애가 된다면서 이들을 악마화하는 데에 주저함이 없다. 정작 자신들의 임금이 그런 투쟁과 교섭을 통해 올랐고 그것을 누렸다는 건 외면하면서 말이다. 그래서 이들 세대는 조금 덜 정의롭고 덜 민주적이라도 노조에 강력히 대응해야 하며 그것이 사회를 안정화시키는 지름길이라는 엉뚱한 생각에 사로잡혔다. 그러나 냉정히 따져 보면 민주 진영이 집권했을 때 오히려 국방비가 증가하고 방위 산업이 발전했으며 국민 소득 증가율도 상대적으로 더 높았다. 그러나 여전히 안보와 경제가 보수의 몫이라는 착각에서 벗어날 생각을 하지 않는다.

심지어 약자들도 강자와 부자를 위한 정당에 투표한다. 왜 가난한 사람들이 불평등과 폭력이 늘어나는 세상으로 몰아가는 보수 정당에 표를 던지는 것일까? 그들은 강자와 부자의 이익에 충실한 사람들이 아닌가? 또 늙고 병들어 고생하는 노인들은 왜 자신들의 복지에 인색한 정당에 표를 던지는 것일까?

일찍이 미국의 경제학자 베블런은 힘들고 가난한 사람들이 보수 정당에 표를 던지는 이유를 명쾌하게 설명했다. 그들은 현재의 삶에 어느 정도 익숙해졌다. 사실은 겨우겨우 그 방식의 삶에 맞춰 살게 된 것인데, 또 다른 변화가 주어진다면 불편하고 부담스럽다. 차라리 익숙한 삶의 방식이 유지되는 것이 마음이 편하다. 새로운 삶이 더 나아진다는 보장도 없다면 차라리 그냥 이대로가 낫다고 여긴다. 그래서 변화보다 안정을 주장하는 정당에 표를 던진다는 것이다. 가난한 사람들이 부자들의 이익을 대변하는 정당에 표를 던지고, 복지 비용을 깎더라도 경제를 살려야 한다며 법인세와 상속세를 삭감하며 감세 정책을 택하는 정당을 추종하는 '계급 배반적인' 투표 행위는 그렇게 반복된다. 또한 이들이 부자와 강자에 대한 선망이 투사되어 이들을 뽑음으로써 마치 자신도 그들의 그룹에 속한 듯한 일시적 착각에 빠지는 것도 한몫을 한다는 지적 또한 설득력을 갖는다.

그리스의 사례에서 우리가 배워야 할 것은 투명한 정치, 합리적인 경제, 미래에 대한 과감한 비전 등에 기초한 교육과 안정된 사회를 위한 복지 등에 고르고 합리적으로 투자하도록 하는 합의의 도출이다. 그런데 우리는 엉뚱하게 복지 때문에 그리스가 망했다며 떠들어 댔다. 정작 우리보다 훨씬 더 나은 복지 체제를 누리면서도 국민소득이 더 높은 나라들은 못 본 척하면서 말이다. 그 한심한 의식 수준을 우리 세대가 걷어 내야 한다. 그게 급진적인 생각인가? 그건 진보도 아니고 합리적 보수의 태도일 뿐이다. 우리는 '증세 없는 복지'라는 거짓 구호에 알면서도 속아 넘어갔었다. 미래를 위해 필요하다면 과감하게 증세의 당위를 설명하고 설득해야 하며 당사자들도 기꺼이 그 비용을 감당할 용기와 용의가 있어야 한다. 지난 20년 동안 복지는 '퍼 주기'이며 경제를 휘청거리게 만드는 주범이라는 괴담으로 이익을 보는 집단의 의도에 휘말렸다. 이제 그 낡은 생각을 버려야 한다.

우리는 경이로운 성장을 해 왔지만, 또한 수많은 질곡을 견뎌 왔다. 다른 나라들이라면 고꾸라지고 주저앉았을 위기에도 대한민국은 보란 듯 일어섰고 더 높이 날아올랐다. 그걸 우리가 해냈다는 건 자랑스러운 일이며 뿌듯한 현실이다. 그러나 혹여 우리에게 여전히 낡고 그릇된 사고가 지배하고 있는 건 아닌지 돌아보기도 해야 한다. 그게 있다면 과감하게 깨뜨려야 한다. 우리가 견뎌야 했던 질곡의 시간들이 그리 먼 과거의 일이 아니다. 우리가 촘촘하게 겪은 현실이다. 그러면서 우리는 이성이 신화를 이기고, 과학이 미신을 이기며, 개방이 폐쇄를 이기고, 자유가 독재를 이기는 과정을 지켜봤다. 나이 든 세대가 그 과정을 복기해 지켜야 할 본질적 가치가 무엇인지를 확인하고 넘겨주는 것이 중요하다. 동시에 편견과 오해를 걸러 내 진실을 직시할 수 있는 힘을 전해 줘야 한다.

제임스 길리건이 주장한, 보수 정당이 집권했을 때 사회가 폭력과 불안정에 노출되고 일자리가 불안정해서 자살과 살인이 증가한다는 사실이 절대적으로 옳을 수는 없다. 그것 또한 일반화의 오류에 빠질 수 있다는 점을 경계해야 한다. 그러나 적어도 우리가 지금까지 지녔던 통념이 잘못된 것일 수도 있다는 성찰과 사유는 외면할 수 없다. 설령 우리는 그렇게 당했더라도 다음 세대까지 그 오류의 유산을 넘겨주면 안 될 일이다. 나는 부자이고 강자인가? 나도 부자와 강자가 되고 싶다는 욕망의 투사는 아닌가? 내 자식들은 부자가 되고 강자가 될 것인가? 그래서 나는 여전히 부자와 강자의 이익을 수호하는 보수 정당에 표를 던질 것인가? 그것부터 물어야 한다. 냉정하고 치밀하게 물어야 한다. 제임스 길리건이 던지는 메시지가 여전히 유효하다면 이제 우리가 답해야 한다. 호기심을 놓지 말아야 한다. 호기심은 여유에서 나온다. 호기심을 간직하는 게 나이 들지 않는 비결이다. 묻고 또 물으며 캐고 또 캐며 더 나은 세상을 향해 문을 조금씩이라도 열어야 한다.

우리가 지금까지 지녔던 통념이 잘못된 것일 수도 있다는 성찰과 사유는 외면할 수 없다. 설령 우리는 그렇게 당했더라도 다음 세대까지 그 오류의 유산을 넘겨주면 안 될 일이다. 왜곡된 통념을 깨뜨리지 못하면 악순환이 반복된다.

정보의 결핍이 아니라 과잉이 문제다

신동엽 시인의 〈껍데기는 가라〉라는 시를 기억하는 이들이 꽤 될 것이다. 이 시는 단순한 저항시가 아니라 본질과 거짓된 외형을 구별하라는 강렬한 메시지를 담고 있다. 시에서 반복되는 '껍데기'는 가식, 허위, 형식적인 것을 의미한다. 겉모습에 속지 말고 진실을 찾으라고 강조한다. 이 시는 1960년대의 부조리를 고발하며 새로운 시대에 대한 희망을 노래한다. 과연 그의 외침은 그 시대에만 해당되는 것일까?

이제는 정보의 결핍이 아니라 과잉이 문제가 되는 세상이다. 과거에는 정보를 독점하는 자들이 권력과 부를 움켜쥐었으나 그렇게 독점적인 정보의 제한은 무너진 지 오래이다. 예전에는 이른바 레거시 언론이라 칭하는 몇 개의 신문과 방송이 정보 제공의 제한적 공급처였다. 그래서 권력은 이들 언론을 통제하고 조작함으로써 자신들의 목적을 극대화하려 했다. 그러나 지금은 1인 언론의 시대가 되었다. 블로그와 유튜브 등을 통해 자신의 생각과 이념을 다른 사람들에게 널리 퍼뜨릴 수 있다. 문제는 '걸러지지 않은' 정보와 '조작되고 왜곡된' 정보가 넘쳐 이른바 쓰레기 정보인 정크포메이션^{junkformation}을 넘어 의도적인 가짜 뉴스들이 우리의 판단을 흐리게 하면서, 악화(惡貨)가 양화(良貨)를 쫓아낸다는 '그레셤의 법칙'이 오히려 더 심해지고 있다는 것이다.

옛날에도 언제 어디서나 거짓 뉴스는 존재했다. 증권가 등에서 떠돌던 이른바 '찌라시'가 그랬고 온갖 허위 선전이 그랬다. 이제는 온갖 유튜브에서 쓰레기들이 쏟아지고 있다. 검증의 절차 따위는 필요 없다고 여긴다. 자신이 듣고 싶은 것만 듣고, 보고 싶은 것만 본다. 그리고 그런 정보에 익숙해지면서 확증 편향에 빠져든다. 더 위험한 것은 일단 조회 수가 많아지면 그것 자체가 하나의 거대 권력이 되고 레거시 언론이 옮겨 쓰고 모셔 간다는 점이다. 조회 수에 따라 돈이 결정되기 때문에 너도나도 조금이라도 관심을 끌 수 있는 모든 방법을 동원한다. 이른바 섬네일에 따라 조회 수가 달라지기 때문에 낚시질이 성행한다. 악순환은 그렇게 증대된다. 페이스북(메타), X(트위터), 인스타그램 등 다양한 SNS도 예외는 아니다. 온통 그런 정보들로 도

배되는 게 지금의 정보 유통 방식이다.

대충 훑어봐도 도대체 말이 되지 않는 억지 주장을 그럴듯한 근거와 출처를 대며 논리적인 척한다. 그러나 추론과 추정일 뿐이며 자의적 해석이나 노골적 선전에 불과한 쓰레기들이다. 객관적이고 실증적이며 과학적인 근거는 없다. 그걸 '말'과 '그림'으로 쏟아 낸다. 글을 읽는다는 건 꽤 에너지가 소비되는 번거로운 일이다. 글은 기호이다. 그 약속된 기호에 담긴 뜻과 감정을 읽어 내는 일은 여간 성가신 게 아니다. 글을 읽는 습관이 덜 갖춰지면 더더욱 그렇다. 말은 그냥 들으면 된다. 영상이나 사진은 직관적이다. 그냥 눈으로 보면 된다. 해석이 된 것이니 그냥 수용하면 된다. 영상의 경우 화자가 말하는 어투나 억양도 하나의 해석이고 판단을 담고 있다. 나는 수용자이지 해석의 주체가 아니다. 처음에는 갸웃하다가도 내 편이다 싶으면 그 다음부터는 고민하지 않고 다 받아들이고 그대로 믿는다. 이 부분이 위험하다.

사실 원래 SNS는 젊은 세대와 이른바 진보 진영에 속한다는 이들이 주로 사용해 온 것들이다. 이전의 정보 제공 및 교환 방식과는 전혀 다른 신기술이었다. 제도권 언론의 정보 독점과 왜곡된 재가공 환경에서 소수 개인의 지식과 정보의 비대칭성을 깨뜨릴 수 있는 새로운 수단이 등장한 것을 가뭄 끝의 단비처럼 여겼다. 통제나 검열이 없는 이러한 수단은 매력적이었다. 문제는 이 매체의 매력에 눈을 뜬

극렬 수구와 극우 진영이 논리와 사실적 근거는 무시하고 거의 막무가내식의 주장과 선동을 쏟아 내는 경우가 많다는 점이다. 다행히 정통 보수는 최대한 금도를 지키며 기본적 사실을 근거로 논리를 내세우지만, 지금은 그들조차 수구 세력과 극우파에 의해 점령되거나 전염되었다. 또 우리의 경우 이른바 극좌 진영은 거의 없다. 기껏해야 목소리 큰 진보 정도에 불과하다. 그런 점에서 극우의 존재는 비대칭적이다. 이들은 돈맛까지 알게 되면서 경쟁적으로 가짜 뉴스를 생산하고 유통한다. 그리고 그 소비자의 상당수가 나이 든 세대라는 점에 주목해야 한다.

    어제의 과격한 진보가 오늘의 진보가 되고 오늘의 진보가 내일의 보수로 이어진다. 이건 어제의 진보가 오늘의 보수가 되고 오늘의 보수는 내일의 퇴행이 된다는 것과 같은 맥락이다. 역사의 발전 동력은 거기에서 나왔다. 그러나 어제도 오늘도 보수를 외치는 건 내일의 발전을 막겠다는 것과 다르지 않다. 그런데 변화와 혁신이 두렵다. 그래서 그것을 극좌로 몰아세우며 비난하는 것으로 나를 정당화한다. 그런 점에서 기성세대가 보수와 수구를 분별하고 분리해야 한다. 이건 이념이나 정파 또는 진영의 문제가 아니다. 건강하고 존경받을 수 있는 보수가 되려면 기성세대가 그 점을 분명히 해야 한다. 극좌는 없고 극우는 묵인되는 현실이 기성세대에서 일반화되는 건 위험한 일이다. 그걸 양산하는 근원이 가짜 뉴스의 생산과 유통이다.

나이 든 세대가 쓰레기 정보와 가짜 뉴스를 거르고 퇴치하는 일에 나서기는커녕 오히려 열광하며 전파하는 일에 이용된다는 건 부끄러운 일이다. 그것이 이 사회의 미래를 망가뜨린다면 역사에 죄를 짓는 것이다. 내 입맛과 진영의 관점에 매몰되지 않고 냉정하고 객관적으로 분석하고 판단할 수 있는 능력이 있는 어른이어야 하지 않은가? 그리고 그런 능력과 경험이 있지 않은가? 그 자산을 부채로 만드는 건 역사와 미래에 죄를 짓는 일이다.

한 권의 책을 읽는다는 건 하나의 주제를 일관된 논리로 밀고 나가는 지적 능력을 키우는 일이다. 부분을 가지고 전체를 파악하는 악습을 깨뜨리고, 오히려 전체의 주제 안에서 부분의 세밀한 부분을 읽어 내고 판단하는 능력을 키우는 일이다. 그것만으로도 책은 나이 든 세대에게 꼭 필요한 반려이다. '지혜로운' 어른이 되기 위해서는 그것부터 해야 한다. 독서를 통해 분별력, 논리력, 구성력, 분석력, 판단력이 견고해지면 저절로 가짜 뉴스를 걸러 내고 쓰레기 정보도 차단할 수 있는 용기와 힘이 생긴다. 그러면 건설적인 미래를 구상할 수 있는 가능성이 열린다. 다만 한 권의 책만 읽는 일은 경계해야 한다. 모든 것을 그 한 권의 책으로 판단하고 행동하는 건 편협과 아집의 폐쇄적 공간에 스스로를 가두는 것과 같기 때문이다. 그게 집단적으로 일어나는 게 바로 파시즘이다. 그렇게 파시스트들이 준동하고 있다. 뜻밖에도 이런 이들이 적지 않다. 오직 하나의 생각만으로 모든 것을 재단한다. 우리는 오랫동안 한 권의 책만 읽었다. 반공이라는 책 혹은 경제 성장이라는 또 한 권의 책 말이다. 20세기에는 그게 통했다. 그러나 21세기에도 그것만 요구하는 건 시대착오일 뿐 아니라 미래에 걸림돌을 깔아 놓는 죄악의 행위이다.

나이 든 사람일수록 사고가 유연하지 않고 오히려 경색되는 건 그런 태도 때문인 경우가 허다하다. 책을 읽고 다른 이들과 대화하면서 우리가 얻는 큰 혜택은 내 그릇된 사고와 판단 구조를 다른 이의 시선을 통해 인식하고, 나아가 그것을 깨뜨리는 힘을 얻는 것이다. 새로운 지식과 식견의 즐거움을 누릴 수 있을 때 비로소 균형 감각을 가진 어른이 된다. 가짜 뉴스나 퍼 나르고 거기에 함몰되어 세상사를 모두 판단하고 다음 세대에까지 강요하는 건 어른답지 못한 일이다. 그게 가장 위험한 꼰대 어른이다. 그런 이들이 너무 많다. 가짜 뉴스에 휘둘리면 인생도 인격도 가짜가 된다.

신동엽 시인이 외친 "껍데기는 가라"라는 절규는 여전히 유효하다. 아니, 여전히가 아니라 더더욱 중요하다. 그 시를 읽고 들으며 성장한 기성세대가 곱씹어야 할 시이다. 사회와 미래에 걸림돌이 되는 어른들은 가장 부끄럽고 해로운 존재라는 점을 늘 마음에 새겨야 한다.

책을 전혀 읽지 않는 것보다 위험한 건 '단 한 권의 책만' 읽는 것이다. 모든 세상사를 그것으로 재단하기 때문이다. 그게 위험한 교조주의이다. 모든 게 변하는데 그 한 권의 책만 고수하며 판단하는 것만큼 어리석고 위험한 건 없다. 입체적으로 읽고 사유하고 판단하는 어른이 중요하다.

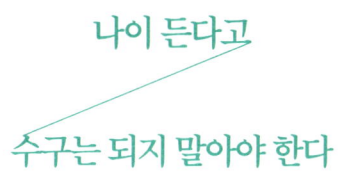

나이 든다고 수구는 되지 말아야 한다

"나는 보수다!"

이렇게 말하면 주변에서 깜짝 놀란다. 실망하는 기색을 보이는 이도 있고 다행이라 여기는 이도 있다. 실망하는 기색을 보이는 이는 내가 진보적인 사람이라 믿었는데 뒤통수를 맞았다고 여긴다. 다행이라 여기는 이는 '너라고 별 수 있니?'라거나 '이제야 철이 들었구나?' 하는 눈치를 노골적으로 드러낸다.

나는 보수이다. 보수의 이념을 배웠고 보수의 세상에서 보수의 방식으로 살았다. 그러니 내가 어떻게 그 울타리를 벗어날 수 있겠는가? 그러므로 태생이 보수이고 아마 보수로 삶을 마감할 것이다. 그건 부인할 수 없다. 그러나 결코 수구적인 삶은 한 뼘도 살아가지 않을 것이다. 거기에 발을 들이는 순간 내 삶은 망한 것이다. 보수와 수구를 구별하지 못해서 생기는 오해가 너무 많다. 그러니 일단 그건 가려내야 한다.

주변을 둘러보면 노골적으로 보수적인 색채를 보이는 이들이 많다. 나이 들면 누구나 저절로 보수가 된다며 대수롭지 않게 여긴다. 선배, 친구, 후배 가운데 그런 이들 꽤 많다. 그런데 정말 나이 들면 보수가 되는 건 참이고 필연일까?

결론부터 말하자면 나는 나이 들수록 오히려 진보적 용기를 가질 수 있다고 본다. 보수는 과거에 매달리는 게 아니다. 보수주의 정치사상의 효시로 불리는 아일랜드 출신의 18세기 영국 철학자 에드먼드 버크는 "과거를 이용해 미래를 계획할 수는 없다."라며 보수와 수구의 경계를 분명히 했다. "급진적 변화는 예측할 수 없는 결과를 초래한다."라는 그의 사상은 기존 제도와 관습을 존중하되 필요할 경우 점진적으로 개혁하는 방식을 추구해야 한다는 것이다. 어디에 방점을 찍느냐에 따라 해석은 달라진다. '기존의 제도와 관습에 대한 존중'과 '점진적'이라는 말에만 방점을 찍으면 수구나 훈구가 된다. 그러나 '필요할 경우', '개혁하는'에 방점을 찍으면서 그것에 대해 소극적이고 방어적 입장이 아니라 적극적으로 수용하는 입장이 되면 건강한 보수가 된다. 버크는 진정 지켜야 할 가치를 위해서 그렇지 않은 것은 기꺼이 버리고 바꿀 수 있는 것이 보수의 진정한 태도라고 강조했다. 그러니까 보수주의의 시작은 수구와의 결별이며 진보와의 조심스러운 대화와 타협의 가능성을 여는 데서 시작된다. 버크는 사회를 단순히 개인들의 집합체가 아닌, 과거, 현재, 미래 세대 간의 연결 고리로 보았다.

버크는 정치적 권력의 남용을 반대하며 시민의 행복과 정의를 실현하는 정치 제도와 방법을 주장했다. 당시 극심했던 정치가들의 이권 개입과 부정부패를 경멸하고, 권력자가 법조문을 자의적으로 해석하며 자신들의 권리에만 몰두하는 것과 자리에 대한 탐욕, 그리고 과도한 명성을 추구하려는 정치를 비판했다. 그는 진정한 보수란 반드시 지켜야 할 원칙을 위해서는 다른 것을 버릴 수도 있어야 한다고 주장했다. 그래서 아메리카 식민지에 대한 영국의 과세 정책을 비판하며 그것이 초래할 반발이 결국 영국과 아메리카 모두에게 나쁜 결과를 초래할 것이라고 경고했던 것이다. 영국인들은 버크의 주장에 질색했다. 당연히 그에 대한 비판이 줄을 이었다. 그러나 버크는 식민지 지배를 통한 영국의 권리와 법적 권한보다 아메리카에 사는 이들과의 타협을 통해 보편적 원리에 입각한 정책을 실현하는 것이 궁극적으로 이익이 될 뿐 아니라 정의로운 것이라며 물러서지 않았다. 진정한 보수의 품격이 어떤 것인지 보여 준 셈이다.

버크가 옹호한 보수주의는 억압적인 사회 질서를 옹호하는 것이 아니라, 사회의 안정과 지속 가능성을 위한 신중한 접근 방식을 의미한다. 그는 마냥 이상적인 사회를 추구하기보다는 현실적인 문제 해결에 초점을 맞춘 실용주의자였다. 버크는 거기에 필요한 덕목이 바로 신중함이라고 강조했다. 그가 그것을 강조한 것은 프랑스 혁명의 급진적인 면을 보고 그 부작용을 막는 것이 시급하다고 여겼기 때문이다. 사회 질서를 무너뜨리는 것만은 막아야 한다는 절박감이 작용한 것이다. 보수주의는 무조건 과거의 체제를 옹위하는 것이 아니라 감당하지 못할 급진적 요구를 자제하고 점진적인 변화와 개혁으로 해결한다는 이념이다. 그런데 아예 변화와 개혁을 외면하면서 보수를 참칭하는 것은 본질을 호도하는 것이다.

왜 나이가 들면 보수가 된다고 믿는 것일까? 우선 예전보다 가진 게 더 많다고 스스로 느끼기 때문이다. 예전보다 부유하다고 느끼는 건 자연스럽고 당연한 것이다. 축적된 수입이 있으니 예전보다 안정적이다. 그런데 과연 실질적 부의 축적이 확실한 것인가? 과거와 비교했을 때 그럴 뿐이지 내용적으로는 크게 다르지 않다. 그거라도 자부심을 가져야 내 존재감을 느낄 수 있어서 그런 것일 수는 있겠으나 어른스러운 건 아니다. 지금까지 내가 쌓아 온 삶에 대한 자부심이 자만심이 되거나 미래의 변화를 훼방하는 것이 된다면 어리석은 일이다.

나는 보수다. 내가 생각하는 보수는 거창하지 않고 단순하고 명료하다. 내가 집에서 배운 가치, 즉 예의, 배려, 인격, 정직 등의 가르침과 학교에서 배운 가치인 민주주의, 평등, 자유, 공공선과 공정, 정의, 연대 등의 가치를 실현하는 것이다. 그것을 위해 매순간 노력한다. 그러나 만약 그것이 훼손되거나 억압되며 인간의 가치를 망가뜨리는 상황이 도래하면 의연하게 비판하고 저항하며 맞서 싸울 수 있는 게 바로 보수의 품격이고 가치라고 생각한다. 우리가 민주화 운동에 호응했던 것은 진보적이어서가 아니라 진정한 보수의 가치를 왜곡한 보수 참칭 세력이 수구적이고 반민주적이며 비인격적인 행태를 자행한 것에 대한 저항이었다는 점에서 그것이 진정한 보수의 행동이었기 때문이었다.

적어도 교과서에서 배운 대로 살아갈 수 있는 사회인가를 묻고 따지며 그것이 망가졌을 때 싸우는 게 보수의 본질이다. 그런 점에서 진보는 "지금 때가 어느 땐데 이런 낡은 교과서로 배우고 살아갈 수 있어?"라며 과거의 교과서를 파기하고 새로운 교과서로 대체하며 갈아엎어야 한다고 주장하는 것인데, 솔직히 고백하건대 나는 그 정도를 감내할 능력도 태도도 갖추지 못했다. 우리는 아직 진보를 감당할 능력도 없지만, 진보의 어젠다를 제시할 수 있는 역량도 부족하다. 자칭 타칭 진보라 칭하는 세력들의 면면을 보면 사실은 중도 우파쯤에 불과하다. 그런데 뭉뚱그려 진보라 칭하는 건 수구 세력이 보수의 이름을 도용하고 있어 상대적으로 진보로 여겨지는 데에서 기인한다. 마치 전 세계적으로 가톨릭교회가 보수적이라 평가받는데 대한민국에서는 개신교가 너무나 수구적이고 퇴행적이어서 상대적으로 가톨릭교회가 진보적으로 보였고 지금도 상당 부분 그런 인식이 남아 있는 것과도 비슷하다. 썩은 보수와 보수를 참칭한 수구가 계속해서 준동하는 한 우리에게 미래로의 진화는 더디거나 어려울 것이다. 나이 들면 보수가 된다고 태연하게 말하면서 실상은 수구가 된 자신을 합리화하는 짓을 버려야 한다. 그러니 보수의 가치부터 제대로 실현해야 한다고 믿는다. 그런 의미에서 나는 보수다!

이런 나를 사람들이 진보적인 인물로 평가하는 건 전적으로 착시 현상 때문이다. 수구의 시각으로 보수를 보면 그게 진보처럼 보일 뿐이다. 물론 나는 기본적으로 진정한 보수는 진보적 태도를 갖춰야 한다고 생각한다. 어제의 진보가 오늘의 보수를 낳은 것처럼 내일의 보수는 오늘의 진보가 만들어 내는 것이기 때문이다. 늘 그 자리에 멈춰 머무를 수는 없지 않은가? 그건 퇴행이지 보수가 아니다. 진정 지켜야 할 가치를 위해 버릴 수 있는 것이 보수이며, 그 가치를 진일보할 수 있는 대안을 모색하고 수용하며 발전시킬 수 있는 용의가 있어야 진정한 보수라고 믿는다. 그렇다면 끝까지, 그리고 진심을 다해 지켜야 할 가치는 무엇인가? 그것은 자유, 평등, 공정, 포용, 배려, 공공선, 정의, 그리고 인간과 삶에 대한 존중과 예의 등일 것이다. 그것이 훼손되거나 억압되는 건 결코 용납할 수 없으며, 그것을 지키기 위해서라면 작은 이익이나 과거의 관행 따위는 과감하게 포기할 수 있는 것이 보수의 품격이고 태도이다.

　우리 세대는 젊었을 때 불의와 부조리에 대해 따지려다 혹시 불이익을 당할까 두려워서 뒤로 빠지거나 침묵하거나 적당히 타협한 적이 많다. 심지어 외면한 적도 있었다. 부끄러웠어도 나의 생존과 가족의 부양을 위해서 어쩔 수 없다고 스스로를 합리화했다. 문제는 그게 굳어져서 어지간한 불의와 불법과 폭력에도 무감각해져서 당장 나의 이익에 직접적인 위해를 가하는 게 아니라면 눈 감았다는 것이다. 어디 그뿐인가? 직급이 낮았을 때, 그러니까 혈기 왕성한 젊음의 시절에는 불의를 보고 비판하고 거대한 불의와 맞서기 위해 노동조합에 적극적으로 참여하고 투쟁했던 사람도 승진하고 높은 직급에 오르면 노동조합을 벌레 보듯 하고 억압해야 할 대상으로 간주했으며, 직급이 높은 관리직은 노조원이 아니라며 전적으로 회사를 위해서만 사고하고 심지어 구사대를 조직하거나 어용 노조를 만들어 노동조합을 와해시키는 일을 하면서도 마치 그게 합리적이고 회사와 사회를 위해서 당연히 해야 하는 것이라 여겼다. 그러다 본인이 퇴사한 뒤 그게 얼마나 무모하고 비인격적인 행위였는지 후회하는 이들도 있지만, 대개의 경우는 끝까지 자신의 판단에 조금의 문제도 없다고 정당화하며 약자에 맞서 억압하는 대열에 속하는 것이 본분이라 여기는 이들도 꽤 많다. 우리는 그렇게 적당히 비겁하게 살았다.

　이제는 대부분 현직에서 은퇴한 경우가 많다. 단순화시켜 말하자면 이젠 더 이상 '해고에 대한 두려움'이 없다. 누가 나를 자른다는 말인가? 그러나 오랫동안 순치된 나의 습성이 여전히 순응과 굴종을 식견과 지혜로 착각하고 부당한 강자의 논리를 대변하는 역할에 충실하다면 그건 나이 헛먹은 일이다. 착각과 습관이 빚어낸 굴종과 공포의 구속복을 벗어던지면 해야 할 말을 두려워하지 않을 수 있다. 내가 젊었을 때 어른들은 왜 부당한 강자의 편에 숨어 올바른 이야기를 해 주지 않았는지 야속하게 여겼던 경험들이 있을 것이다. 그렇다면 이제 우리가 그것을 할 수 있는 나이가 되었다는 점을 기억해야 한다. 그게 진짜 보수의 품격이고 어른의 자격이다.

그런데 왜 우리는 지혜로운 어른이 되지 못할까? 너무 세상을 좁게 보아 왔기 때문은 아닐까? 우리도 배운 지식이 적지 않고 쌓아 온 경험은 꽤 많다. 그런데 그게 편협한 형태로만 축적되었다면 편견과 고집만 키울 뿐이다. 그러면서 툭하면 법고창신(法古創新) 운운한다. 법고창신은 균형 있는 시야와 판단에 기초를 마련해야 가능하다. '법고'만 외치는 건 보수가 아니라 수구에 불과하다. '창신'만 떠들며 법고는 무시하는 건 과격한 어설프고 무책임한 급진에 불과하다. 그 둘을 이어 주는 게 어른의 역할이다. 그러려면 어른들이 먼저 법고창신을 연마해야 한다. 나이 들었다고 무조건 보수라며 합리화하는 건 어설픈 변명이고 미련한 판단력을 고백하는 것과 같다.

냉정하게 본다면 '법고' 역시 과거에 머무는 것이어서는 안 된다.

아무리 아름다운 과거의 역사라 하더라도 그것은 과거의 시공간에 갇혀 있을 뿐이다. 공자를 비롯해 중국인들이 언제나 칭송하는 요·순·우·탕(堯舜禹湯)의 시대나 문·무·주공(文武周公)의 시대라고 예외는 아니다. 그 태평성대의 시절 자체가 아니라 당시의 시대정신과 가치를 현재에 실현할 수 있는 용기와 의지가 있는지를 성찰하는 것이 법고의 핵심이다. 공과(功過)를 가려 좋은 면을 따지더라도, 박정희의 시대와 정치를 높이 평가하고 회고하는 이라 하더라도, 그것을 현대에 재현하려 한다면 시대착오에 불과하고 사회와 역사를 퇴행시키는 폭력의 옹호자일 뿐이다. 더 잘사는 나라, 더 강한 나라, 더 멋진 사회에 대한 사심 없는 열정과 비전을 현재에 실현하기 위해서는 과거를 재현하는 것이 아니라 그것을 현재화하는 부단한 노력과 성찰을 수반하여 실천해야 한다. 그게 법고의 핵심이다. 그건 쏙 빼먹고 그 시절 타령을 반복하고 심지어 그 부작용까지 미화하는 게 보수의 가치를 훼손하고 스스로 수구의 늪에 빠지는 짓이다. 박정희 시대가 만들어 낸 산업화를 칭송하고 그 혜택을 누리는 건 고마운 일이지만, 그가 저질렀던 민주주의의 파괴와 종신 집권을 꾀했던 것까지 미화하고 찬양하는 데에만 함몰되는 건 오히려 박정희의 좋은 유산까지 욕되게 하는 것이다. 그걸 인식하지 못하니 오로지 칭송에만 매달린다. 같은 지역 출신이라고 떠받드는 건 인지상정의 차원으로 이해의 여지가 조금은 있지만 그게 전부라면 오히려 그 지역 자체를 욕되게 하는 일이고 나라 전체를 지역감정이라는 암 덩어리로 망가뜨리는 짓이다. 보수가 수구의 나락으로 빠지는 건 순식간의 일이다. 경계하지 않으면 부지불식간에 그렇게 된다. 나이 든 세대가 그 늪에 빠질 때 사회의 짐이 된다.

좁은 시선으로 세상을 바라보고 편견에 사로잡혀 판단하는 어른이 아니라 열린 눈으로 더 넓은 세상을 바라보며 청년에게 지혜다운 지혜를 건네줄 수 있는 어른이 진짜 어른이다. 나이 들면 보수가 된다는 허튼 말 뒤에 숨어 수구인 줄도 모르고 그 대열에 거주하는 건 부끄러운 일이다. 나이 든다고 수구는 되지 말아야 한다. 차라리 나이 들면 기꺼이 진보가 될 수 있는 용기와 혜안을 갖는 데에 힘써야 옳지 않겠는가. 나는 그런 보수가 되고 싶다. 그렇게 나는 보수다.

정치나 보수와 진보의 문제는 늘 민감하다. 그래서 섣불리 화제로 꺼내지 않는다. 그러나 나는 우리의 모든 삶은 정치적인 까닭에 반드시 직면해야 한다고 믿는다. 특히 기성세대가 나이 들면 보수가 된다고 말하거나, 수구와 보수를 구별하지 않는 건 매우 심각한 문제로 여긴다. 진짜 보수의 가치를 실현하려면 그 문제부터 정면 돌파를 해야 한다.

더 이상 일본을 두려워할 것도 선망할 것도 없다

지금의 60대와 70대 초반까지는 일본을 선망했다. 60대 일부와 50대는 일본을 따라잡으려 애를 썼다. 그 결과 40대는 일본과 싸워 이기는 게 예사로운 세대가 되었다. 문화에서는 말할 것도 없다. 한때 일본 애니메이션이 세계를 휩쓸 때 우리도 거기에 매료되었으나, 이제는 완전히 역전되어 K팝에 일본 젊은이들이 열광한다. 디지털 시대에 들어서면서 일본의 만화 시장조차 한국의 웹툰에 맥없이 무너지고 있다.

도대체 이 놀라운 '역전'은 어디에서 비롯된 것일까? 여러 가지 이유가 있을 것이다. 대표적인 사례로 일본 경제의 약진에 놀란 미국을 비롯한 서방 세계가 일본의 수출 경쟁력을 약화시키기 위해 달러화 약세를 유도한, 즉 엔화 평가 절상을 강요한 이른바 '플라자 합의(1985)'가 일본의 약세를 초래한 것은 부인할 수 없는 사실이다. 그러나 단순히 무역 수지 적자에 허덕이던 미국이 일본을 압박한 결과물을 넘어 처음의 '잃어버린 10년'이 이제는 하염없이 '잃어버린 30년'으로 이어져도 딱히 대책이 없어 보이는 건 무엇 때문일까? 나는 그것이 '개혁'을 경험하지 못한 일본의 태생적 문제 때문이라고 생각한다. 일본이 보수적인 이유 중 하나는 에도 시대를 연 도쿠가와 막부의 계급적 질서가 여전히 공고하게 작동된다는 점이다. 막부를 무너뜨리고 메이지 유신을 통해 근대화 서구화에 앞장서 아시아의 패권을 차지했지만, 그것도 아래로부터의 혁명은 아니었다. 일본은 전국 시대를 종결한 통일 후 스스로 개혁해 본 역사적 경험이 없다. 일본이 보수적인 이유로 일본의 자연재해를 들기도 한다. 지진, 화산 폭발, 태풍과 해일 등으로 인한 자연재해는 생명을 위협하는 까닭에 아무 일 없이 무탈하게만 지낼 수 있다면 그 이상 바라지 않고 순응하는 것이 몸에 배었기 때문이라는 분석도 유효하다.

우리는 오랫동안 일본 사회의 장점을 평가할 때 그들의 가업 계승을 빼놓지 않았다. 무슨 일이든 몇 대에 걸쳐 계승하면서 꼼꼼하고 치밀하게 축적해 온 공력은 분명 일본의 특성이고 장점이다. 그러나 그것도 속내를 들춰 보면 다르게 평가할 수 있다. 에도 신도시를 건설한 도쿠가와 막부는 철저한 도시 계획을 짜고 여러 가게의

항목을 지정했다. 비슷한 업종이라도 어떤 건 묶어 두는 게 낫고 어떤 경우는 겹치지 않도록 하는 게 유리하다. 그래서 후자에 해당된다고 판단되면, 가령 우동 가게가 어느 길 모퉁이에 있다면 가까운 곳에는 우동 가게를 허가하지 않았다. 그 경계를 깨뜨리는 행위는 용납되지 않았다. 그것은 일본인들이 그토록 강조하는 '와(和)'를 깨뜨리는 행위이다. 그래서 지금도 일본에서는 몇몇 다국적 기업이나 거대 체인의 프랜차이즈를 제외하곤 우리처럼 프랜차이즈 업소들이 우후죽순처럼 생겨나질 못한다. 만약 우동 가게를 하는 아버지가 은퇴하면 그 자리는 다른 사람이 들어와서 우동 가게를 하게 될 것이다. 남에게 넘겨주느니 자식이 이어가는 게 낫다. 그런 식으로 가업 계승이 사회적 전통처럼 자리 잡은 것이다. 좋은 의미의 가업 계승은 축적된 정보와 지식 그리고 경험을 통해 품질이 개선되는 효과를 갖게 된다. 그런 문화가 일본 제조업의 정밀성을 가능하게 하는 힘의 하나였다.

이러한 문화 속에서 일본의 보수적 성향은 자연스럽다. 개혁은 꿈도 꿔 본 적 없고 행동으로 표현한 적도 없다. 일본의 침략으로 고통받은 나라들은 일본이 사죄하지 않은 것에 분개하지만, 일본 천황과 정부는 자국민에 대해서도 사과한 적이 없다. 일본은 패전 이후 군국주의자들이 고개를 들지 못했고 미 군정하에서 미국의 눈치를 보며 생존하는 법을 터득해야 했다. 미 군정 이후 일본의 진보주의자들은 이전의 군국주의자들의 태도를 공개적으로 비판하며 일본의 개혁을 요구했다. 군국주의와 보수 정치에 대한 비판과 반발은 거센 민주화 요구로 이어졌다. 전체주의와 군부의 독단의 결과인 패전에 대한 책임 때문에 일본의 극우 집단은 대놓고 활동하지 못했지만, 이른바 보수 정치를 표방한 세력들은 이러한 움직임을 소요와 불안정으로 몰아세웠다. 당연히 대립이 치열했고 그 절정이 1960년의 이른바 '신 안보 조약 반대 운동'이었다. 그러나 1955년 보수 정당들의 이합 집산 끝에 자유당과 민주당이 합당하면서 만들어진 자민당은 안정과 번영이라는 팻말 아래 일본의 보수화가 본격화되도록 만들었다. 그렇게 해서 출현한 자민당 내각의 절반 이상이 제2차 세계 대전의 전범(戰犯)이었다. 그러니 쇄신이니 개혁 따위가 있을 리 없었다.

일본은 1954년 12월부터 1957년 6월까지 31개월 동안 이른바 진무케이키(神武景氣) 기간 동안 최고의 경기 호황을 누렸다. 1956년에 이미 제2차 세계 대전 이전의 수준을 회복한 일본은 TV, 냉장고, 세탁기 등의 가전제품을 대량 생산하고 수출함으로써 국민의 생활 수준이 윤택해졌고 국제 사회에서도 놀라운 경제 성장과 성과를 과시했다. 그 절정이 1964년 도쿄 올림픽이었다. 1960년대 들어 이른바 안보 투쟁은 반공주의 강화에 대한 반감, 자민당 독주에 대한 불만과 맞물렸고 자민당의 득표율을 떨어뜨렸다. 그러나 여러 야당이 난립했기 때문에 여전히 자민당 권력은 끄떡없었다. 국민들은 정치에 대해 회의적으로 변하면서 관심을 경제에 돌렸고 자민당은 그런 심리를 경제 부흥이라는 슬로건으로 한껏 부추겼다. 정치적 무관심은 갈수록 심화되었다. 1960년 중의원 선거에서 자민당의 이케다 수상은 소득을 10년 내에 2배로 올려 주겠다는 선거 슬로건을 내걸었다. 이른바 '소득 배증(倍增)' 계획이었다. 결국 경제 성장이 정치의식의 퇴화를 불러온 것이다. 가뜩이나 보수적 성향의 사람들이었으니 그게 큰 선회도 아니었다. 좌파가 수구 혹은 보수 정치의 대안으로 떠오를 수 있는 기회를 잡았음에도 불구하고 여전히 의제 생산 능력과 체계화된 현실 정치력을 갖추지 못한 상태에서 투쟁 일변도로 내달리며 그 일시적 성취에 취하기만 했던 것도 한몫했다. 그중 적군파 같은 극단적 세력은 폭력도 불사했고 일본 국민들로부터 완벽한 외면을 받으며 끝났다. 그게 마지막이었다. 경제 성장을 통한 탈정치화가 약이자 독이 된다는 걸 깨닫게 되는 날이 언젠가는 오겠지만, 여전히 일본은 그 흐름에서 하차하고 싶은 생각이 추호도 없어 보인다.

일본과 비교해 본다면 대한민국은 아주 다이내믹한 나라이다. 해방 이후 한국전쟁이라는 내전을 겪으면서도 사라지지 않았다. 그러면서도 이승만의 독재와 부정 선거에 저항해 학생 혁명을 일으켜 정권을 끝내 무너뜨리는 역동성을 보였다. 엄혹한 박정희의 유신 독재에도 저항하면서 민주주의에 대한 신념을 버리지 않았다. 그리고 전두환의 군사 독재도 6월 항쟁으로 꺾어 버리는 저력을 보였다. 이른바 '87년 체제'는 시민 민주주의의 승리일 뿐 아니라 우리의 개혁과 역동성을 세계에 모범으로 우뚝 서게 한 쾌거였다.

경제적으로도 그 역동성은 엄청난 힘을 발휘했다. 세계 최빈국에서 1996년 OECD에 가입하는 성과도 보였다. 그러다 1997년 외환위기로 풍전등화의 위기를 겪었다. 여러 위기 속에서도 끝내 쓰러지지 않고 계속해서 발전하였지만, 세계의 흐름에 둔감했고, 결국 IMF 금융 지원을 받으며 엄청난 대가를 치르면서 개혁을 '당해야' 했다. 성공한 집단은 결코 스스로 개혁하지 않는다. 정치적 개혁은 있었지만 경제적 개혁은 상대적으로 없었다. 그러나 IMF 체제는 강제로 개혁을 감당해야 했다. '금 모으기 운동'이라는 세계에서 유래를 찾을 수 없는 희생도 감내했다. 제2의 국채 보상 운동을 표방하며 전 국민이 하나로 똘똘 뭉쳤다. 그리고 3년 만에 IMF에 진 빚을 모두 갚으면서 졸업했다. 이 시기는 20세기에서 21세기로 전환하는 대변화의 시대였으며 아날로그에서 디지털로 전환하는 혁명의 시대였다. 그런 타이밍에 개혁을 감당했던 것은 엄청난 자산이 되었다. 21세기 대한민국의 재도약은 그런 타이밍의 덕도 컸다. 그렇게 우리는 더 이상 개혁을 두려워하지 않았고 지속적인 발전을 거듭했다. 나는 그것이 21세기 대한민국 발전의 중요한 원동력이라고 확신한다.

그렇다면 나이 든 세대로 국한하면 어떤 일이 있을까? 우리는 힘든 시절을 겪었지만 그걸 이겨 내고 성장했다. 독재에도 저항해서 민주화를 이끌었고 IMF 체제의 엄혹함도 견디며 이겨 냈다. 가혹한 외부의 강제적 개혁도 감내했다. 그리고 그 개혁의 성과를 경험했다. 이건 엄청난 자산이다. 그에 비해 지금 일본의 나이 든 세대는 50년대 중반 이후 경제 성장의 혜택을 지속적으로 누리며 살았으나 개혁은 경험하지 못했으며, 잘 나가던 일본이 '잃어버린 30년'을 시작할 때 퇴직하여 넉넉한 자산을 보유한 상태로 살아가고 있다. 또 일본의 정치는 가업을 계승하며 나이 든 세대가 장악하고 있으며 그들의 입맛에 맞춰 표를 얻기 위해 정책과 의사 결정이 나이 든 세대에 의해, 나이 든 세대를 위해 우선적으로 이루어진다. 일찍이 고령화 사회에 진입한 일본에서는 당연히 나이 든 세대의 경제력과 발언권이 강하고 인구도 많은 까닭에 노인들의 삶에 대한 대책을 다룬 책들이 오래전부터 쏟아졌다. 우리도 고령화 사회로 진입하면서 가까운 일본의 사례를 참고하는 건 충분히 이해한다. 좋은 건 배워야 하고 응용해서 발전시켜야 하는 건 당위이다. 그러나 일본의 나이 든 세대의 시대착오까지 모방하거나 진면모는 파악하지 않으면서 거죽만 따라 하는 건 아닌지 경계해야 한다.

우리나라의 나이 든 세대가 더 나은 것이 무엇일까? 이 점에 대한 인식은 매우 중요하다. 경제적으로는 적어도 경제 전성기 시절을 보낸 일본의 노인들이 더 우위에 있는 건 부인할 수 없다. 노인들을 위한 사회적 네트워크도 우리보다 훨씬 일찍부터 구축되어 있기 때문에 그들이 더 우월하다. 그러나 첫째, 정치와 경제에서의 개혁을 경험했다는 점에서 일본의 노인들에 비해 절대 우위를 차지하고 있으며, 둘째, 디지털 시대에 어느 정도 적응하는 비율이 일본에 비해 월등이 높다는 점에서 우리나라가 유리한 위치를 차지한다. 이것은 현대 사회에서 결코 무시할 수 없는 자산이다. 이러한 자산 가치를 어떻게 증대시키느냐가 지금 우리의 나이 든 세대에게 던져진 과제 중 하나이다.

그렇다고 일선에서 물러난 나이 든 세대가 개혁의 주인공이 되어 사회를 바꿔 나갈 수는 없는 노릇이다. 그렇다면 우리는 무엇을 할 수 있을까? 흔히 정치인은 다음 세대를 위해 일하고 정치꾼은 다음 권력을 위해 일한다고 한다. 다음의 이익을 위해 살 것인가 다음 세대를 위해 살 것인가가 지금 우리 세대의 몫이다. 그것은 의무인 동시에 존엄하고 당당한 권리이다. 나이 든 세대가 개혁을 경험했다는 자산의 가치를 깨달았다면 당연히 다음 세대의 개혁을 지지하고 응원해야 한다. 개혁을 주저하는 젊은 세대가 있다면 과감히 개혁하라고 지지하고 응원하는 것이 어른들이 해야 할 일이다. 그러면서 과감한 자기 개혁을 주장하고 약속하는 정치인을 선택하고 경영인을 밀어 주면 된다. 그게 그리 어려운 일인가? 나에게 주어질 사탕 하나에 목맬 게 아니라 다음 세대도 누릴 수 있도록 사탕수수밭을 개간해 줘야 한다. 일본은 그걸 못한다. 언제나 변화 없는 안정, 말로만 안정을 외치지 실제로는 퇴행하는 것임에도 당장 자신들에게는 그게 입맛에 맞는다는 이유로 늘 똑같은 정치적 선택을 해 온 그들에게는 개혁은 익숙한 '낱말'에 불과할 뿐 하나의 당위적 시대정신이 아니고 당연히 그것을 바탕으로 한 미래 의제를 이끌어 내지도 못한다. 그러나 우리는 그걸 해냈고 그것을 해낼 의지가 있다. 이건 엄청난 차이이다.

우리를 강제로 침략하고 나라를 빼앗은 일본이 저지른 짓은 어떠한 배상으로도 채워질 수 없다. 그런데도 일본은 지금까지 대한민국을 얕보고 걸핏하면 혐오 정서를 퍼뜨리고 그것으로 표를 얻는 정치적 퇴행을 포기한 적이 없다. 우리는 식민지 피지배 계급으로 온갖 착취를 당했을 뿐 아니라 20세기 전환기에 자본, 기술, 정보의 축적이 제한되었다. 그 폐해는 세기말까지 이어질 수 있는 고약한 부채였다. 그러나 우리는 그것을 이겨 냈다.

20세기는 철저하게 '속도와 효율'이 지배하던 시대였다. 베끼기는 그 패러다임에 최적화된 방식이었고, 일본 역시 20세기 내내 거기에 충실한 결과 크게 발전했다. 우리 역시 벤치마킹의 대상으로 일본을 가까이 둔 까닭에 그들의 자본과 기술에 많이 의존했고 크게 성장했다. 대한민국 교육의 문제를 들먹일 때마다 주입식 교육을 운운하는데 사실 20세기 후반에 대한민국이 이만큼 성장하는 데에는 주입식 교육이 큰 효력을 발휘했다. 주입식 교육은 적어도 속도와 효율의 측면에서는 가장 효과적이기 때문이다. 지금의 나이 든 세대는 그 교육을 통해 성장했고 그게 몸에 밴 까닭에 정책과 의사 결정의 힘을 갖고 있을 때 그 방식을 고수했다. 그게 자신의 성장 동력이었을 뿐아니라 자신의 기득권을 계속 지속할 수 있는 절대적 방법이라 여겼기 때문이다. 그러나 21세기는 '창조·혁신·융합'의 패러다임으로 전환한 시대이다. 다행히 우리는 1997년 체제를 겪으면서 세계화에도 눈뜨고 강제로나마 개혁도 경험했으며 디지털 전환에도 적극적이었기 때문에 더 성장할 수 있었다. 그런 점에서 교육도 더디지만 새로운 패러다임을 마련하기 위해 노력하고 있으나 대학 입시라는 벽에 막혀 늘 좌절한다. 그러나 그것도 그리 오랫동안 효력을 지속하기는 어려울 것이다. 어쨌거나 대한민국의 교육은 빠르게 전환하고 있다.

성장을 거듭하면 굳이 개혁해야 할 필요성을 느끼지 못한다. 일본은 패전 후 부흥하면서 계속해서 가파르게 성장했고 한때는 세계 경제 2위의 반열까지 오르면서 콧대가 높아졌다. 그런 상황에서 스스로 개혁할 수 있을까? 우리도 1996년까지 많은 어려움을 이겨내면서 계속해서 성장한 까닭에 스스로 개혁하지 못했다. 그러나 정치적으로는 엄청난 저항과 개혁을 경험했고 1997년 체제로 강제로 개혁을 당했다. 그렇게 치른 개혁의 경험은 생각보다 많은 변화를 초래했다. 예를 들어 조직은 팀제로 모두 바뀌었고 기업의 정실(情實)주의 색채는 급격히 엷어졌다. 성장에 걸림돌이 된다고 판단되면 가차 없이 버릴 수 있는 용기와 판단력을 갖게 되었다.

그 자산을 강화할 수 있는 것이 나이 든 세대의 위상이다. 그걸 포기하거나 외면하는 것은 시대정신을 저버리는 것이고 미래 의제를 망가뜨리는 일이다. 우리가 그 개혁을 통해 성장하고 발전했다면 다음 세대가 주저할 때 미련 없이 그리고 지체하지 않고 과감하게 개혁해야 한다고 지원하는 것이 어른들의 몫이다. 그저 은퇴한, 무기력한 세대나 다음 세대에 빚과 부담을 떠안기는 천덕꾸러기 세대가 아니라, 그들에게 용기와 희망을 줄 수 있는 든든한 응원군으로서 그들의 인식을 바꿀 수 있다면, 우리는 일본을 더 이상 두려워할 것도 선망할 것도 없다. 디딤돌이 되지 못해도 걸림돌은 되지 말아야 한다. 우리는 개혁의 대상이기도 했지만 훌륭하게 개혁을 수행한 주체이기도 했다. 그것만 또렷하게 기억해도 넘겨 줄 자산이 우리에겐 꽤 많은 셈이다.

나이 든 세대가 개혁을 경험했다는 건 엄청난 자산이다. 은퇴했다고 그 DNA가 소멸하는 건 아니다. 게다가 디지털 시프트(digital shift)도 경험하지 않았는가? 우리에게는 여전히 개혁의 힘이 남아 있다. 그걸 새로운 세대 개혁에 쏟으면 된다. 그게 다음 세대에 넘겨 줄 개혁의 자산이 되기도 할 것이다.

건강한 역사 인식을 갖춘

어른이 되기 위해

사전적 의미의 역사의식이란 '사회 현상을 시간적 계기에서 포착하여, 그 변화 과정에 주체적으로 관계를 가지려는 의식'을 지칭한다. 역사의식이 없는 삶을 산다는 건 좌표도 없이 항해하는 것과 같다. 한 나라의 역사를 배운다는 것은 그 나라와 국민의 현재와 미래의 삶을 결정하기 때문에 매우 중요하다. 그래서 우리는 학교에서 국사를 배운다. 더 나아가 여러 다른 나라의 역사를 배운다. 아쉽게도 갈수록 세계화되는 세상에서 세계사를 가르치고 배우는 일은 점점 더 줄어들고 있지만, 그 역사마저 왜곡하거나 불순한 의도로 가르치는 경우가 없지 않다. 대표적인 경우가 바로 식민 사관이다.

식민 사관은 지배 국가가 식민지를 정신적으로 굴복시키기 위해 식민지의 주민들을 세뇌할 목적으로 만든 역사 관점이다. 우리는 일제 강점기 동안 그런 역사 교육을 받아야 했다. 놀랍게도 일본은 조선을 강제로 합병하기 이전부터 이러한 작업에 착수했다. 1895년 청일 전쟁에서 승리한 일본은 조선을 식민지로 삼기 위해서는 일본에 대한 우호적인 여론을 조성할 필요가 있다고 판단하고 일본 공사 가오루의 건의에 따라 아다치 겐조를 사장으로 하는 〈한성신보〉를 발행했다. 그 신문은 조선이 문명화에 뒤떨어져 있으며 자주성이 없이 중국에 예속되어 왔고 조정은 무능하며 사회는 미개하다고 떠들어댔다. 그러면서 '친일 반러' 여론을 확산시켰다. 이 신문은 후에 통감부 기관지 〈경성일보〉로 전환되었고, 강제 합병 후 총독부 기관지 〈매일신보〉라는 어용 언론이 되어 조선사편수회와 함께 식민 사관의 뿌리를 내리는 데에 한몫을 했다. 식민 사관은 거의 전 방위적으로 우리의 유구한 역사를 폄훼하고 왜곡하는 일을 주요 업무로 하면서 당시 조선 학생들을 가르쳤다.

불행히도 그런 교육을 받은 자들이 해방 이후에도 학계와 정계에서 활동하면서 식민 사관은 계속해서 유지되었다. 친일 세력을 가려내 처벌하기 위해 설치한 '반민족행위특별조사위원회(반민특위)'는 이승만 정권의 정치적 목적에 따라 용두사미로 끝나고 말았으며, 한국 전쟁을 전후하여 친일 세력이 반공 세력으로 옷을 갈아입으며 대놓고 활동하면서 오히려 더 큰 기득권을 유지할 수 있었다. 그들은 대놓고 식민 사관을 옹호하고 선전하지는 않았지만, 여러 경로로 암약하며 친일 사관의 흔적을 유지하는 데에 힘썼다. 이른바 '식민지 근대화론'이 대표적인 경우이다. 일본이 조선을 합병한 것은 불가피한 일이었으며 조선의 근대화에 크게 이바지하였다는, 도무지 말도 되지 않는 궤변을 늘어놓았다. 그것을 은연중에 옹호하고 이론적으로 뒷받침한답시고 암약한 학자들이 맞장구를 쳤다. 물론 대부분의 국민은 분노했다. 그때마다 슬그머니 뒤로 물러나기를 반복하면서 끊임없이 변형 식민 사관을 던졌다. 오죽하면 작가 황석영이 이런 근대화론을 지지하는 뉴라이트 지지자들을 향해 '도둑놈의 사다리' 같다고 했을까? 도둑이 물건을 훔치러 우리 집에 침입하기 위해 담벼락에 사다리를 설치했다가 도망갈 때 두고 갔는데 우리 집을 발전시켰다고 한다면 그게 말이 되겠느냐는 말이다. 수구 세력이 집권하면 이러한 식민 사관을 수면 위로 들어 올리는 데에 혈안이다.

박근혜 정부의 국정 교과서 파동이 그랬고 윤석열 정부에서 정부 요직뿐 아니라 유관 기관, 심지어 독립기념관처럼 친일의 잔존을 척결하는 데에 앞장서야 할 자리의 수장에 뉴라이트 추종자를 앉힌 것은 노골적인 수작이었다. 육군사관학교에서 홍범도 장군 흉상을 철거하는 따위의 일도 다 그런 일련의 작업들이었다. 경악스럽게도 일부 개신교에서도 그런 작태가 벌어지고 있다. 성남시에 있는 한 교회의 담임 목사라는 자는 설교에서 식민지 근대화론을 옹호했다. "일제 강점기는 하나님께서 한국을 회복시키기 위해 허락하신 것이며, 일제 덕분에 조선 사람들이 예수를 믿게 되었으니 일본에 고마워해야 한다."라고 말이다. 역사적으로도 신학적으로도 도대체 하나도 들어맞지 않는 억지 논리이며 궤변일 뿐인 이런 사고의 바탕에는 수구 정치 세력을 비호하는 걸 성장으로 착각하는 다수의 목회자들의 위험한 사고방식과 역사의식이 그대로 드러나 있다.

왜곡된 반공 이데올로기에 세뇌되어 아직도 '광주 민주화 운동'을 '광주 사태'로 부르거나 그 희생자를 조롱하고, 심지어 북한에서 남파한 간첩들이 야기한 반국가 소요 사태라고 확신하는 자들이 꽤 많다. 그리고 그 대부분은 수구 정치 세력과 궤를 같이한다. 이러한 상황을 방치하면 위험하다. 벌써 해방된 지 70년이 넘었는데도 식민사관에 젖어 있고 일본에 대한 동경을 거두지 않는다는 건 이해하기 어렵다. 영국의 작가 조지 오웰의 "과거를 지배하는 자는 미래를 지배한다. 현재를 지배하는 자는 과거를 지배한다."라는 격언은 그런 점에서 통렬하다.

박근혜 정부와 윤석열 정부가 그토록 뉴라이트 진영에 함몰되어 그 진영의 인사들을 중용한 것은 바로 과거의 역사를 현재의 권력이 해석할 수 있어야 친일 잔존 세력이 미래에도 부와 권력을 장악할 수 있다고 믿기 때문이다. 결코 가벼운 일이 아니다. 부당한 권력은 기억과 해석을 통제한다. 그것은 단순한 역사 해석을 넘어 개인의 방향성과 집단의 미래를 왜곡하여 장악하려는 음모와 다르지 않다. 이건 어떤 정치 세력을 지지하느냐의 문제와는 완전히 별개의 문제이다. 오히려 왜 수구적 정치 성향의 집단이 식민 사관을 옹호하며 거기에 바탕을 둔 뉴라이트에 함몰되어 있는지 비판적으로 분석할 수 있어야 한다. 어떻게, 무슨 정신으로 식민 사관을 옹호하는 태도를 지닌 자를 독립기념관, 국가교육위원회, 진실화해를위한과거사정리위원회, 국사편찬위원회, 동북아역사재단, 국가기록관리위원회 등의 수장으로 임명할 수 있단 말인가?

역사 해석은 그 집단의 정체성을 결정하는 가장 중요한 요소이다. 우리는 각자의 기억과 경험으로 과거를 해석하고, 그 해석을 통해 자신이 누구인지, 어디로 가야 할지를 설정한다. 그 결정권을 사악한 세력의 손에 쥐어 주면 안 된다. 절차적 정당성을 확보한 경우에도 언제든 역사 해석이 권력이나 미디어, 알고리즘에 의해 왜곡될 수 있다는 점을 명심한다면 이 문제는 결코 가볍게 여길 일이 아니다.

이젠 하도 많이 언급되어 진부하기까지 하지만 프랑스는 고작(?) 5년 동안 독일의 침략에 무너졌지만, 전후에 독일 세력에 부역한 자들을 철저하게 응징했다. 150만~200만 명을 숙청 대상으로 가려냈고, 그 가운데 15만 8천 명에게 실형을 선고했다. 사형 선고를 받은 경우도 1만 1,500명에 달했고, 그 가운데 실제로 사형이 집행된 사람만 해도 3,800명에 달했다. 그 가운데는 프랑스의 거물 정치인, 재계의 수장, 탁월한 학자와 예술가 그리고 언론인들이 많았다. 특히 부역 언론에 대한 응징은 가중 처벌되었는데 그것은 언론이 진실을 왜곡하고 역사를 훼절했다는 점 때문이었다. 반면 이승만에 의해 해체된 반민특위의 조사 대상은 682명에 불과했으며, 기소 대상은 221명이었고, 실형 선고를 받은 자는 7명에 불과했다. 그런데도 실제로 형이 집행된 경우는 단 한 차례도 없었다. 이러니 식민 사관을 옹호하는 뉴라이트가 다시 준동하는 것도 전혀 이상하지 않다.

역사의식을 학계의 일이나 정치적인 것으로만 여기는 이들이 혹여 있으시다면 왜 국보 1호가 숭례문이고 보물 1호가 흥인지문이며 사적 1호가 포석정인지 찾아보시라. 조선총독부가 문화재 전수 조사 뒤 1934년 포고령으로 발표한 보물 1호는 남대문(숭례문이라는 명칭이 아니라), 보물 2호는 동대문이며(조선은 식민지라서 감히 '국보'의 타이틀을 가질 수 없었다), 고적 1호는 포석정이다. 거기에는 음험한 의도가 숨어 있다. 임진왜란 때 가토(加藤淸正)의 군대가 숭례문으로 입성했고, 고니시(小西行長)의 군대가 흥인지문으로 입성했기 때문이다. 그들로서는 개선문과도 같았을 것이다. 해방 후 정부에서는 보물 1호를 국보 1호로, 보물 2호를 보물 1호로 지정하고, 고적 1호를 사적 1호로 바꿨다. 짐작건대 일제 강점기에 교육을 받은 이들이라 별 고민 없이 그 체제를 거의 그대로 받아들여 정리했을 것이다. 이처럼 우리의 사고를 지배하는 식민 사관의 뿌리는 뜻밖에도 깊고 도처에 깔려 있다.

오래된 유적이라는 의미의 고적(古蹟) 1호를 포석정으로 정한 것 역시 경애왕이 나라가 망할 지경에 처했는데도 무희들과 포석정에서 유희를 즐겼다는 의미를 강조하고 강요하기 위한 목적이었다. 이른바 실증주의 역사를 강조하는 식민 사관에서는 『삼국유사』 「경애왕」 편의 대목을 그 증거로 내미는데, 사실은 필요한 부분만 발췌한 것이다. 기록을 잘 살펴보면 견훤의 후백제가 10월에 지금의 합천 영주를 점령하고 11월에 서라벌에 입성했다. 추수를 다 마친 뒤에 전쟁하는 게 상례이며 이 기록은 음력이니 개략적으로 양력으로 환산하면 경주에 들어간 건 12월이다. 엄동설한에, 그것도 궁 밖 꽤 멀리 떨어진 곳에서 유희를 즐긴다? 말이 안 된다. 그곳은 화랑정신을 제창한 문노(文努)를 모신 사당인 포석사가 있던 곳이며, 왕이 해마다 제를 지내고 원로 대신과 함께 국정을 논하며 잠시 쉬는 곳이었다. 그래서 포석정이라는 정자도 세웠다. 그런데 그런 맥락은 싹 무시하고 '놀이터' 포석정(그나마도 흔적은 사라지고 터만 남았으며 유상곡수만 있는)만 강조하며 국가 위기 상황에서도 주색에 빠진 왕이 다스린 나라의 무능으로 왜곡하고 그런 패배적 역사관을 주입한 것이다. 이런 것이 대표적인 식민 사관이다. 정쟁(政爭)인 당파를 파괴적인 붕당(朋黨)으로 몰아가는 것도 그런 방식이다. 그걸 우리는 아무런 검증과 성찰도 하지 않고 학교에서 배워 지금까지 자연스럽게 알고 있는 것이다. 뉴라이트가 위험한 건 바로 이러한 식민 사관을 공공연히 떠받들며 마치 자신들이 실증 사학에 충실한 것처럼 호도하고 있기 때문이다.

이 점에서 나이 든 세대의 역사의식은 매우 중요한 의미를 가진다. 원하든 원치 않든 우리는 식민 사관에 물든 교육을 받았다. 교육 시스템도 그랬고 가르치는 상당수의 교사도 그랬다. 그래서 알게 모르게 일본에 대한 열등감을 안고 살았다. 그걸 씻어 내지 못한 여죄가 우리에게 남았다. 그걸 우리 대에서 끝내야 한다. 그래야 다음 세대에 올바른 역사와 역사의식을 넘겨줄 수 있다. 그 시작은 더 늦기 전에 식민 사관에 물든 뉴라이트 계열의 획책을 원천적으로 봉쇄하는 것이다. 정치적으로 내가 지지하는 정당이 그 숙주 역할을 하더라도 그대로 받아들일 것이 아니라 오히려 내가 지지하는 정당의 건강한 성장을 위해서 거기에 빨대를 꽂고 기생하지 못하도록 경계하고 응징해야 하는 것이 나이 든 세대의 책무이다.

역사를 기술하고 해석하는 방식은 생각보다 매우 복잡하고 다양하다. 그만큼 역사적 기술의 대상이 광범위하고 시공간이 다양하기 때문이다. 우리는 역사가 시선에 따라 달라질 수 있다는 것을 이해해야 한다. 그래야 내가 역사를 주체적으로 이해하고 해석하는 실체가 될 수 있다. 나의 삶이 곧 나의 역사서라는 점에서 자신의 삶을 어떻게 조망하고 해석하며 실현해 나아갈지 진지하고 고민해야 하는 건 그 때문이다. 곡학아세를 일삼으며 진실을 외면하고 왜곡하는 자들에게 우리의 기록을 맡겨서는 안 된다. 그들에게는 인간에 대한 존경과 배려가 없으며 자기 민족에 대한 소명 의식조차 없다. 그런 자들이 역사 기록의 주체여서는 결코 안 된다. 진정 두려워해야 할 것이 무엇인지조차 깨닫지 못하는 자들에게 펜, 마이크와 권력을 쥐게 하면 망나니보다 훨씬 더 위험하다.

건강하고 건전한 역사의식은 현재의 정체성을 다지는 초석이며 미래를 향해 나아가는 방향성의 좌표가 된다는 점에서 매우 중요하다. 그걸 가볍게 여기는 민족에게는 늘 어리석은 역사가 되풀이된다. 나이 든 세대가 공부와 성찰을 통해 오염된 역사의식을 씻어 내고 올바른 이해와 관점을 마련하는 것이 그 시작이다. 그런 인식이 있어야 현재의 역사성에 대해서도 직시할 수 있고 올바른 역사의식을 마련할 수 있을 것이다.

"과거를 지배하는 자는 미래를 지배한다. 현재를 지배하는 자는 과거를 지배한다."(조지 오웰)

공감과 연대의 힘을 발휘하는

어른이 아름답다

1960년대 미국에서 가장 뜨거웠던 변화 가운데 하나가 인종 차별과 남녀 불평등에 대한 저항과 철폐 운동이었다. 물론 당연히 흑인에게 가해졌던 차별과 폭력이 훨씬 심하고 비인간적이었다. 그러나 그들은 약자였고 저항의 힘도 없었거니와 무엇보다 그들에 동조해 줄 백인을 찾기가 너무 어려웠다. 1960년에 출간된 하퍼 리의 《앵무새 죽이기》는 백인 변호사 애티커스 핀치가 부당하게 체포 구금된 흑인 청년 톰을 변호하는 과정에서 벌어진 일을 그의 어린 딸 스카웃(진 루이즈 핀치)의 순수한 시선으로 관찰하고 서술한 소설이다. 아버지가 불의와 맞서 싸우는 것을 가장 가까이서 지켜본 어린 딸은 자신의 눈에 비친 그 불의와 폭력을 도저히 이해할 수 없었다. 독자는 스카웃의 눈을 통해 약자가 부당하게 처벌되고 차별되는 것에 대한 분노를 공감하게 되었다. 이러한 자각과 공감이 인종 차별 철폐 운동에 백인들이 동참하는 중요한 계기가 되었다.

여성들이 받았던 차별도 심했다. 인류의 가장 오래된 차별이 바로 남녀차별이 아닌가? 가부장제는 상대적으로 큰 근육을 가진 남성이 전쟁과 사냥 혹은 농사에 전념하면서 권력을 독점한 결과였다. 그리스 신화에 나오는 아마존 여성 전사의 오른쪽 가슴을 제거한 건 그들에게 여성성을 제거함으로써 본질을 잃거나 훼손했다는 이미지를 덧씌운 고약한 폭력의 표상이었다. 그러나 산업 혁명을 거치고 기계가 상당 부분 근육을 대체하면서 여성도 임금 노동에 참여할 수 있었다. 여성도 정치에 참여할 수 있는 권리를 달라고 요구한 건 당연한 일이었으나 철저히 외면받았다. 20세기가 될 때까지 뉴질랜드를 제외하곤 참정권을 허용하지 않았다. 뉴질랜드의 10달러 지폐에 그려진 여성 운동가 케이트 셰퍼드의 투쟁과 노력 덕분이었다. 이후 많은 나라에서 여성 참정권을 부여했지만, 여전히 여성 차별은 수그러들지 않았다.

1960년대 미국 여성의 자각은 마거릿 생어, 베티 프리던 등에 의해 여러 분야에서 적극적으로 확대되었다. 그러면서 부당한 차별에 저항하고 연대하기 시작했다. 베티 프리던이 1966년 미국 여성이 미국 사회의 '주류에 전면적으로' 참여하도록 만들기 위해 '전미여성기구^{NOW}'를 결성한 것은 중요한 전환점이 되었다. 투쟁은 자각에서 시작된다. 베티 프리던이 1963년 《여성성의 신화》에서 폭로한 것은 여성에게 가해진 '강요된 수동성'과 더불어 거기에 순응한 여성의 비지성이었다. 부당한 불평등과 부조리를 실증적으로 탐구하고 그것을 인식함으로써 여성 스스로 자신이 차별과 부당한 대우를 받는다는 것을 깨달아야 한다는 게 프리던의 전략이었다. 이때 페미니즘이 본격적으로 부각되었다. 그러나 당시 남성들은 이러한 조짐을 불편하게 여겼고 귀를 기울이기는커녕 오히려 그렇게 자각한 여성을 마녀 취급했다. 그래서 '미즈^{Ms} 운동'의 기치를 올리며 자신의 명함에 'Miss'나 'Mrs.'의 표기 대신 'Ms'를 명기한 여성은 꺼리고 억압했다. 결국 이 거센 저항과 집요한 훼방으로 미즈 운동은 크게 위축되었다.

여기서 우리가 주목해야 할 대목이 있다. 여성들이 자신이 겪는 부당한 차별을 인식하고 비판하고 저항하면서 그보다 훨씬 악랄한 차별과 폭력에 시달리는 흑인들을 동정하고 이해하며 연대하는 심적 움직임이 생긴 것이다. 그 핵심이 바로 '공감'이다. 인종 차별 철폐 운동이 반향을 일으키고 기존의 악습을 깨뜨릴 수 있게 된 데에는 일부 백인과 여성의 동참이 크게 영향을 끼쳤다. 우리는 이로부터 약자가 자신보다 더 약자의 처지에 있는 사람을 위해 함께 연대해서 싸우는 성숙한 태도를 읽어야 한다.

불행히도 대한민국은 두 가지 문제에서 퇴행을 거듭하고 있다. 하나는 페미니즘과 안티 페미니즘의 논쟁이 왜곡된 방식으로 재생산되고 있다는 점이다. 문제의 핵심은 여성의 사회적 진출로 인해 남성의 일자리가 줄어들고 있다는, 젊은 남성의 위기의식에 있다. 부모 세대만 해도 좋은 일자리는 거의 전부 남성이 독점했기 때문에 일자리 걱정은 없었다. 하지만 이제는 여성들이 그 자리의 상당 부분을 차지하는 바람에 자신들의 몫이 줄어들었다고 생각하여 화가 나서는 엉뚱하게도 여성이 남성을 조롱한다고, '돼먹지 않은 페미니즘'에 오염된 까닭이라고 분풀이하는 것은 아무리 봐도 이상한 표출이다. 남성만 병역 의무를 지기 때문에 사회 진출이 더 늦춰질 뿐 아니라 학업 단절 등의 불이익을 감수하는 것도 불공정하다는 불평도 거든다. 여성이 감당하는 임신, 출산, 육아에 대해서는 당연하게 여기면서 말이다. 예전에 남성이 좋은 일자리를 독점한 게 불공정했고 비정상이었다는 생각은 하지 않고 자신들의 불이익에만 분노한다. 그러니 서로 반목하게 된다. 그리고 그 결과로 엉뚱하게 반페미니즘을 선동하는 정치꾼에 휘둘려 극우 성향까지 드러낸다. 지금 대한민국의 심각한 문제 가운데 하나는 20대 남성의 보수화 내지 극우화라는 바이러스다. 이 문제에 대해 어른들이 그 굴절된 사고를 교정하고 자기 세대의 상황이 비정상적인 것이었음을 깨우치도록 해야 하는데 애석하게도 그런 노력이 드물다.

또 하나의 문제는 차별금지법의 퇴행이다. 그 본질은 성소수자에 대한 차별 철폐가 반사회적, 반종교적, 반인격적이라는 비판에 근거한다. 특히 개신교에서는 그것을 교묘하게 자신들의 사회 세력화에 이용하기까지 하면서 한 걸음도 나아가지 못하고 있다. 선진국에서는 이 문제로 시끄럽지 않다. 그들은 성소수자의 문제가 반사회적, 반종교적, 반인격적이라고 생각하지 않는다. 나와 성적 성향과 태도가 다를 뿐이라고 생각한다. 그들이 받았던 탄압과 불이익에 대해 더 이상 허용해서는 안 된다는 사회적 합의가 20세기 후반부에 상당히 이루어졌기 때문이다. 그런데 우리는 21세기에 이 문제로 첨예하게 대립하며 국가인권위원회조차 차별금지법 철폐에 앞장서고 있다.

이런 논쟁으로 인한 사회적 비용의 낭비는 물론이고 '죄가 아닌 것을 죄로 몰아가는 무지'를 용납해서는 안 된다. 멀리 볼 것도 없다. 서구 사회도 반세기 전만 해도 자위행위를 비도덕적이고 반종교적인 것으로 몰아갔다. 죄가 아닌 것을 죄로 몰았다. 그 때문에 많은 사람이 부당한 도덕적 죄책감에 시달렸고, 심지어 그것 때문에 극단적 선택을 한 경우도 있었다. 지금도 그걸 주장하는 사람이 있다면 미친 사람 취급을 받을 것이다. 시대착오다. 저들에게는 이미 성소수자의 문제도 거기에 속한다. 지금 우리 사회가 자위행위에 대해 도덕적, 종교적 비난을 하지 않는 것처럼 성소수자의 문제 또한 머지않은 미래에 같은 과정을 겪을 것이다. 이미 그 결과의 답을 서구 사회에서 보지 않았는가? 최소한 그 과정을 단축하는 것이 옳다. 부당한 차별과 억압으로 고통받는 이들에 대해 먼저 손 내밀고 연대하는 힘을 보여줄 주체는 일차적으로 그런 차별과 억압을 겪었던 사람들이다. 여성이 차별을 받아온 것을 비판하고 아직도 불완전한 성평등에 대해 목소리 높이는 건 당연한 일이고 의무이다. 나아가 여전히 극심한 차별과 불평등에 고통받고 있는 성소수자 문제에도 목소리를 낼 수 있는 공감과 연대가 필요하다. 남녀를 불문하고 페미니스트를 자처하는 사람이라면 이제 용감하게 이 문제에 대해 목소리를 내야 한다.

어른이라고 낡은 생각에만 갇혀서는 안 된다. 어른은 야단치는 존재가 아니라 보듬고 위로하며 격려하는 존재이다. 갈등과 반목의 문제에 대해 차분하고 진지하게 논의하고 걸림돌을 제거하며 디딤돌을 마련하는 몫을 수행해야 한다. 엄마, 할머니의 자애로움과 모성애가 여성 차별에 분노하고 투쟁하는 힘의 바탕이었던 것처럼 성소수자 문제에 대한 시대착오적인 차별과 폭력에 맞서 비판하고 한 뼘이라도 더 나은 세상으로 나아갈 수 있는 힘을 마련해야 한다. 낡은 사고에 갇혀 미래로 나아가야 하는 이들의 발목을 잡는 어른이 되는 게 가장 큰 죄악이다. 페미니즘도 과감하게 그 문제에 연대해야 한다. 고통을 겪은 사람이 타인의 고통에 공감한다. 그게 어른의 몫이다.

그리스의 시인이자 정치가였던 개혁가 솔론의 말을 기억하자. "피해를 입지 않은 사람이 피해자와 똑같이 분노할 수 있을 때 정의는 실현된다."

다음 세대에게
더 나은 지구를 물려줄 수 있도록

같은 문제를 보더라도 누가 어떤 시각으로 보느냐에 따라 해석이 다른 것은 흔한 일이다. 대한민국의 자랑 가운데 하나가 산림녹화이다. 산마다 울창한 숲이다. 사람들이 감탄한다. 대부분 그 공을 박정희 전 대통령의 녹화 사업이라 칭송한다. 나는 생각이 다르다. 물론 그의 공을 무시하는 건 결코 아니다. 열정을 가지고 산림녹화 사업을 한 덕에 이렇게 울창한 숲을 갖게 되었다. 그러나 핵심은 아궁이가 사라졌기 때문이다. 연탄이 출현하면서 나무 땔감으로 취사하고 난방하는 일이 사라진 것이다. 이전에는 땔감을 마련하기 위해 지게 지고 산에 올라 톱과 낫으로 나무 베고 심지어 낙엽까지 긁어모았다. 그래서 대다수의 산이 민둥산이었다. 그런데 연탄이 출현하면서 나무하러 갈 일이 사라졌다. 그게 결정적이다. 예전에는 장터에 따로 땔감으로 쓸 나무를 파는 시장이 있었다. 이름하여 '나무 장터'였다. 이젠 그 이름조차 기억하는 이들이 거의 없다.

1970년대 중반 이후 자연 보호 운동이 시작되었다. 현장도 만들고 학교나 관공서를 동원하여 캠페인도 벌였다. 자연이 재화가 아니라 우리의 생명을 지키는 방패가 된 것이다. 이어서 환경 운동으로 전개되었다. 이제는 'RE100'처럼 재활용으로 불필요한 낭비를 줄여 환경과 생태를 보호해야 한다는 적극적인 움직임이 전 세계를 휩쓸고 있다. 예전에는 '탄소 거래권'이라는 말 자체가 생소했으나 이제는 일반적 용어가 되었다. 분리수거를 우리만큼 철저하게 하는 나라도 드물다. 내 큰아들은 어렸을 때부터 그 문제에 대해서는 일말의 여지조차 남기지 않을 만큼 철저했다. 나는 대충 분리해서 버리고 싶은데 어쩌다 그걸 들키면 난리가 났다. 지금도 그렇다. 덕분에 나도 평균 이상으로 분리수거를 하고 있다고 자부한다. 교육의 효과가 그만큼 크고 무섭다.

사실 환경이라는 말에도 여전히 '인간 중심적 사고'가 남아 있다. '환경'의 '환(環)'이라는 말은 고리 혹은 반지를 뜻한다. 뭔가를 에워싸고 있는 것이다. 그 중심에는 인간이 있다. 영어에서 '환경'을 뜻하는 'circumstance'나 'environment' 혹은 'surroundings'라는 낱말에도 '둘러싸다'라는 접두사가 들어 있다. 보호의 대상이긴 하지만 여전히 재화의 대상으로 보거나 인간을 '위한' 존재로 인식하는 의도가 깔려 있다. 그래서 요즘은 '생태'라는 말을 쓴다. 'ecology'의 'eco'는 그리스어 'oikos'에서 나온 말로 '거주지, 자연, 집'이라는 뜻이다. 함께 사는 곳, 즉 모든 생물의 공존의 장으로서의 자연이다. 용어 하나만으로도 의미와 의도가 달라지고 그에 따라 행동의 방식도 달라진다.

어쨌건 우리가 환경이나 생태에 관심을 쏟는 이유는 당연하고 옳은 일이다. 사실 거기에 관심을 기울인다는 것 자체가 이미 늦었다는 의미이기도 하다. 자연의 존재가 어떤 것인지 깨닫기 전에는 재화의 대상으로만 보았지만, 자연이 파괴되고 그것이 곧 인간의 파멸을 초래한다는 것을 깨달았기 때문에 뒤늦게 반응한 것이다. 그런 일을 경험했다면 반복하는 어리석음을 피할 수 있어야 한다. 지금 우리에게 그런 일은 어떤 것일까?

비트코인을 '채굴'한다고 교외에서 엄청난 전기를 빨아들이는 일을 저지른 자들의 행태를 뉴스에서 본 기억이 있을 것이다. 비트코인을 채굴하려면 수많은 컴퓨터를 가동시켜야 하고 엄청난 전기를 소비해야 한다. 그래서 시내에서는 그런 엄청난 전기 소모를 시도할 수 없으니 교외에서 작업할 수밖에 없다. 그런데 그 전기는 어디에서 오는가? 대부분의 전기는 화석 연료를 태워 만들어진다. 당연히 많은 양의 이산화탄소를 배출한다.

대부분의 환경 혹은 생태 문제에서 우리는 눈에 보이는 것에 집중한다. 분리수거가 대표적 사례이다. 그러나 이제는 눈에 보이지 않는, 보다 더 근원적인 문제에 눈을 돌려야 한다. 우리의 일상은 전기에서 시작해서 전기로 끝난다. 전기가 없으면 아무 일도 할 수 없다. 정보 통신은 일상의 핏줄이 된 지 오래다. 그것 역시 전기가 없으면 무용지물이다. 거의 모든 사람의 손에 들린 스마트폰도 전기를 먹고 살며 거기에 공급되는 정보 또한 어마어마한 전기 통신의 체계 내에서 가동된다. 문자보다 영상이 더 많은 전기 에너지를 소모한다. 그런데 종일 그걸 쥐고 모든 걸 살펴본다. 꼭 필요한 것이 아닌데도 딱히 다른 할 일이 없을 때에는 그것보다 더 쉽고 편하며 유익한 게 없다고 느낀다. 엄청난 낭비가 아닐 수 없다. 그런데 이것이 나아가 환경과 생태를 파괴하고 이산화탄소를 배출한다는 점에서 이제는 우리의 생각을 바꿔야 할 시대가 되었다.

오늘날 최고의 화두는 인공 지능[AI]이다. 상상도 하지 못하던 일이 가능해지고 있다. 어떠한 질문에도 술술 답하는 건 말할 것도 없고 이제는 스스로 판단하고 생산하는 다양한 일들이 거의 모든 영역에서 벌어지고 있다. 그 역시 공짜가 아니다. 엄청난 에너지를 소비한다. 사람들이 빅데이터를 보며 환경 문제를 떠올릴까? 아닐 것이다. 그러나 거기에는 엄청난 환경 문제가 도사리고 있다. 2019년 6월 미국 매사추세츠대 애머스트 캠퍼스의 엠마 스트러벨을 포함한 연구자들은 매우 의미심장한 결과를 발표했다. AI에 자연어 처리 모델을 학습시키는 과정에서 배출되는 탄소가 약 284톤에 달한다는 것이다. AI 기술은 언어의 장벽을 허물고 자율 주행을 가능케 하는 등 비약적으로 발전하고 있다. 우리는 이 과정이 매우 깨끗할 것이라고 착각한다. 자동차처럼 배기가스가 보이지도 않고 공장의 굴뚝 같은 것도 없으니 그렇게 여긴다. 일상에서 우리가 배출하는 탄소는 1년에 약 5톤가량 된다. 그런데 신경망 구조 탐색^{NAS: neural architecture search} 방식의 자연어 처리 모델 학습에만 약 57년 치 탄소가 나오는 셈이다. 이것은 미국의 자동차가 출고 후 폐차 때까지 배출하는 탄소량보다 다섯 배나 많다.

  우리는 2016년 서울에서 있었던 이세돌과 알파고의 바둑 대결을 기억한다. 세계 최고의 기사를 꺾은 알파고, 즉 딥러닝의 결과물이 얼마나 무섭게 성장했는지 실감했다. 그런데 당시 대국이 벌어졌던 서울의 포시즌스 호텔에 구글의 슈퍼컴퓨터가 얼마나 깔렸는지, 별도로 얼마나 강력한 비상용 이동식 발전기가 준비되었는지 등에 주목한 경우는 거의 없다. AI가 직관을 발휘하기 위해서는 최소한 3000와트 이상의 전기 에너지가 필요하다. 우리는 화면을 통해 알파고가 바둑돌을 놓는 것을 볼 뿐이지만, 그 이전의 짧은 시간에 슈퍼컴퓨터가 작동하며 얼마나 많은 전기 에너지를 소비하는지에 대해서는 무관심하다. 그에 반해 사람이 직관을 발휘하는 데에는 대략 20~30와트 정도면 충분하다. 게다가 탄소를 배출하지도 않는다. AI는 만능도 능사도 아니다. 엄청난 에너지를 소비하면서 AI에만 의존하는 것은 그릇된 판단이다. 당연히 AI를 써야 하지만 불필요한 것을 자제할 수 있는 분별력이 필요하다.

빅데이터 또한 기존의 접근 방식과 달라야 할 것이다. 대개 10억 개 이상의 데이터를 수집하고 분석하며 가공하기 위해서는 엄청난 기술과 자본이 필요하다. 그리고 거기에는 당연히 상당한 전기 에너지가 소모되고 그 과정에서 탄소가 배출된다. 우리에게 필요한 데이터가 모두 다 빅데이터에 기반할 필요는 없다. 상대적으로 그것보다 작은 데이터가 유용할 수도 있고, 지역성 등에 따라 그래야 하는 경우도 있다. 그러나 모든 걸 빅데이터에 의존하게 되니 대자본과 기술이 결합된 대기업에 휘둘린다. 소비자로서 그리고 시민으로서 그것에 저항하고, 필요하고 적절한 데이터를 수집·분석·해석·가공할 수 있는 인식의 전환이 필요하다. AI든 빅데이터든 우리의 눈에 보이지 않는 까닭에 그것이 환경 문제라고 여기지 않는 인식의 습관부터 바꿔야 한다. 그런데도 여전히 분리수거하는 것으로 만족감을 느끼고 있지 않은지 돌아볼 일이다.

그걸 환기시키고 환경 운동의 방향성을 새롭게 설정하고 대안을 마련하도록 촉구할 수 있는 지성을 가진 어른의 역할이 절실하다. 살면서 깨닫고 겪은 일이 많다고 말로만 떠들 게 아니라 그런 것들을 통찰하고 의제를 던질 수 있는 지혜를 가진 어른이 필요하다. 그런 움직임의 결실을 다음 세대가 누릴 수 있게 해야 한다. 그게 당장 지금의 나이 든 세대가 누릴 게 아니라고 외면할 게 아니다. 내일 지구가 멸망해도 한 그루 사과나무를 심겠다는 스피노자의 말을 기억해야 한다.

시장이나 마트에 갈 때는 가급적 꼭 장바구니를 챙겨 다니고 비닐봉지 사용을 억제하며 분리수거를 철저히 해서 재활용할 수 있게 함으로써 낭비를 줄이고 환경을 보호하는 것은 일상의 일이다. 이젠 그 너머의 차원으로 눈을 돌려야 한다. 부채를 넘기지 않고 자산을 물려주려면 우리 어른이 달라져야 한다. 우리에겐 할 일이 많다. 게다가 보람도 있지 않은가?

낭비를 막는 차원이 아니라 적극적으로 방어하고 개선할 수 있는 대안을 마련해야 한다. 빠르게 변화하는 세상에서 선제적으로 대응하지 않으면 늦어도 너무 늦다. 환경의 문제만큼은 어른들이 더 적극적으로 나서야 한다.

세상에 선한 영향력을 미치는
어른이 된다는 것

나는 나이 든 세대의 유연성에 큰 관심을 가지고 있다. 흔히 나이 든 세대라고 하면 고루하고 고집이 세며 과거에 집착하는 경향이 강하다는 선입견을 갖고 있다. 그런 모습들이 워낙 많아 그게 상식인 것처럼 느껴진다. 그러나 나이 든 세대만큼 유연한 세대도 없다. 단순히 겪은 일이 많아서가 아니다. 우리 세대는 전쟁 빼고는 온갖 일을 다 겪으며 살아왔다. 그것도 아주 빠른 속도로 변화하는 세상을 말이다.

이른바 베이비부머로 불리는 이 세대는 가난의 시대에 태어났다. 거의 모두가 다 가난했다. 나는 직접 경험하지 못했지만 보릿고개를 겪은 동년배들이 꽤 많았다. 하루 세 끼 제대로 먹는 일 자체가 쉽지 않은 시절이었다. 그러니 무조건 그게 첫 번째 목표였다. 이제 막 산업화를 시작했지만 자본과 기술은 없었던 대한민국은 양질의 노동력을 바탕으로 수출에 매달렸다. 학교를 비롯한 모든 관공서에는 '증산·수출·건설'이라는 표어가 붙어 있었고, '천 불 소득 백억 불 수출'이라는 구체적 목표가 슬로건으로 내걸렸다. 지금도 입에 맴도는 걸 보면 그런 구호들이 얼마나 일상사였는지 알 수 있다.

고맙게도 부모 세대들이 열심히 일한 덕택에 우리 세대는 단군 이래 처음으로 굶어 죽는 공포를 벗어난 첫 세대가 되었다. 우리도 열심히 일했다. 계속해서 성장하는 경제 덕에 일자리는 많았고 취업은 보장되었다. 그래도 '자가용'의 꿈은 아득한 남의 나라 일일 뿐이었다. 그런데 아시안게임과 올림픽을 치러 냈고 마침내 마이카 시대에 진입했다. 부모 세대는 꿈도 꾸지 못한 일이 우리 세대에서 이루어진 것이다. 그뿐인가? 부모 세대는 여권이라는 것 자체를 구경도 못 했지만 우리는 자유롭게 해외여행을 즐긴 첫 세대가 되었다. 부모보다 더 잘살게 된 첫 세대를 실감했다.

이 과정에서 '안정적인 정체기'는 거의 없었다. 하루가 다르게 변화하고 그 속도에서 낙오되지 않기 위해 늘 바쁘게 살았다. 그러다 보니 시민 공동체 의식은 미미했다. 다행히 이른바 6·10 항쟁이라는 시민 민주주의 투쟁을 치러 내면서 공동체 의식이 서서히 뿌리를 내리기 시작했고 보편적 민주주의라는 이상에 접근하기 시작했다. 물론 경제 성장 과정에서 수반된 무한 경쟁, 그리고 공정과는 거리가 먼 이익의 재분배의 왜곡 때문에 양극화의 아픔도 겪었다. 당연히 '나의 삶'과 '내 가족의 번영'이 유일하고 최우선적인 목표였다. 정치적으로는 연대의 힘을 경험했지만, 사회적으로 연대하는 힘을 키우거나 그 혜택을 누린 경험은 상대적으로 적었다. 그러나 이 세대는 단순히 물질만능주의에 빠지거나 도덕적 해이와 타락에 무관심하지 않았다. 문제가 생기면 함께 극복해 내는 경험을 통해 한 사람의 힘이 아니라 민중의 힘이 더 강하고 도덕적이라는 것도 경험했다. 게다가 디지털 시대에 집단 지성이 어떤 위력을 발휘하는지 목격했기 때문에 독선적이거나 고집불통의 자세를 버렸다.

집단의 힘이 위력과 결탁하여 정치적인 힘을 발휘하는 극우적 상태가 파시즘이다. 그리고 그 힘은 정상적인 상태가 아니라 비정상적인 상태에서 발현되는 게 대부분이다. 비정상적인 상태에서 정상적 사고와 판단은 쉽게 무력화되어 전체주의적 수렁에 빠져든다. 나치가 그랬고 이탈리아의 파시즘이 그랬으며 스탈린의 소련과 마오쩌둥의 중국 그리고 김일성의 북한의 우상화가 그랬다. 지금 세계는 경제적 불안정과 국제 정치의 비상식화에 따른 자국중심주의의 네오 파시즘이 난무한다. 심지어 민주주의의 모범이라던 미국조차 트럼프 집권기에 보여 준 쇼비니즘에 가까운 폭력이 일상사가 되었다. 이제 모든 나라는 극도로 조심하고 경계하지 않으면 언제든 전체주의와 자국 우선의 내셔널리즘이 발호할 준비가 되어 있다.

이러한 현상은 단순히 사회적, 국제적 문제로 그치는 게 아니다. 자연스럽게 우리의 일상사를 규정하는 요소로 작동되며 각 개인의 가치관과 세계관을 형성한다. 매우 위험한 전조 증세가 만연해 있다. 그런 상황에서 집단 지성을 가장한 오염된 정보는 가짜 뉴스와 근거 없는 혐오를 조장하여 패거리 정치와 문화를 형성한다. 대한민국의 20대 남성의 상당수가 극우 세력의 선동에 동조하는 것도 따지고 보면 그들의 삶이 불안정하고 미래가 불확실하며 기성세대로부터 외면 당하고 있다는 피해의식에서 자라난 것이다. 이러한 현상을 방치하면 대한민국의 미래는 위험해진다. 이미 지금도 그런 조짐과 증세가 나타나고 있지 않은가?

이런 상황에서 어른들의 유연한 사고와 행동은 매우 필요하고 적절한 모범적 사례가 될 것이다. 고루하고 편협하며 고집만 세다고 여긴 나이 든 세대의 유연성은 반전의 매력이 있다. 그것은 단순히 젊은 세대에 대한 타협이나 아부가 아니다. 자신들이 겪으며 터득한 지혜의 산물이다. 물론 지나치게 자신의 삶을 미화하거나 자신들이 겪고 지나온 사회에 대한 시대착오적인 향수를 갖는 것은 조심해야 한다. 그것을 버리고 미래 세대에 대한 애정과 어른으로서의 사명에 집중하면 왜 우리 사회가 더 유연해야 하는지를 행동으로 보여줄 수 있다. 게다가 나이 든 세대는 현실의 판에서 직접적으로 취할 이득을 위해 나서는 게 아니라는 점에서 더 설득력을 가질 수 있다. 이해 당사자가 아닌 사람의 발언이 무게를 갖는다는 점에 주목할 필요가 있다.

이런 사고의 결실은 어떻게 나타날 수 있을까? 그것은 바로 '선한 연대'의 추구이다. 자신의 이익이 아니라 사회적 공익과 공동체적 가치를 수호하고 증대시킬 수 있는 방향성을 제시하고 기여할 수 있는 방식을 찾아 구체적으로 실천해야 한다. 나이 들면 무조건 보수 정당에 표를 던질 거라는 통념에 대해서도 따끔하게 깨우쳐 줄 수 있어야 한다. 속된 말로 나이 든 세대에게 새로운 '눈치를 보게' 만들어야 한다. 나이 든 세대에 직접적으로 이익이 되는 선택이 아니라 다음 세대를 위해 나이 든 세대가 연대해서 목소리를 낼 수 있는 선한 연대에 동참해야 한다. 자연스럽게 의제 토론도 하면서 정책 제안도 하되 자신들의 이익이 아니라 다음 세대의 발전을 꾀할 수 있는 것을 만들어 내야 한다. 그러한 연대가 갖는 힘과 의미는 결코 작지 않다.

연대라는 게 대단한 것만은 아니다. 예를 들어 가장 쉽고 재미있게 실천할 수 있는 연대가 이른바 '플래시몹$^{flash\ mob}$'이다. 일정한 시간에 일정한 장소에 모여 일종의 퍼포먼스를 기획하고 참여하는 것이다. 사람들의 관심을 끌면서 자연스럽게 의제를 던질 수 있다. 거창한 컨퍼런스나 포럼이 아니다. 그냥 모여 즐기면 된다. 광화문 광장에 책 읽는 마당이 펼쳐진 적이 있다. 다양한 계층이 그곳에 와서 책을 읽는 모습이 지나가는 이들에게 신선한 충격을 주었다. 그런데 나이 든 세대의 모습은 거의 보이지 않았다. 뙤약볕이라 그랬을까? 주로 가족 단위 혹은 연인의 모습이 많았다. 그런데 한 노부부가 조용히 책을 읽고 있는 모습이 보였다. 꼭 책이 아니면 어떠한가? 이어폰을 나누어 함께 음악을 듣는 모습도 보기 좋다. 파고다 공원이나 종묘 앞에서 어르신들이 책 읽고 있는 걸 본다면 어떤 반응일까? 묻는 게 무의미하다.

요즘은 신도시마다 호수 공원이 있다. 시민들이 운동도 하고 산책도 하며 때론 조용히 휴식하는 소중한 공간이다. 그런데 거기에서 책을 읽고 있는 모습은 쉽게 발견하기 어렵다. 벤치가 아니라 일인용 의자 등받이(팔걸이가 있고 한쪽에는 컵이나 텀블러를 꽂을 구멍이 있으면 더 좋다)에 책 그림 하나만 그려 놓아도 지나는 사람이 '아, 저긴 책 읽는 의자구나.'라고 생각할 것이고, 다음 산책 때 책 한 권 들고 와서 앉아 읽을 수 있다. 누군가 그렇게 앉아서 책을 읽고 있으면 지나가며 보는 동료 시민들도 기분이 좋아져서 다음에는 자기도 그렇게 하고 싶어 할 것이다. 그런 게 선한 연대이다. 얼마나 쉬운 일인가? 거창한 게 아니다. 마음만 먹으면 언제든 가능하다. 그런 건 나이 든 세대라도 능히 할 수 있지 않은가? 아니, 오히려 나이 든 세대에게 가장 적절한 연대 행위이다.

가방에 사탕 몇 알 넣고 다니다 번잡한 지하철에서 꼬마 아이가 칭얼거리고 아이의 부모가 어쩔 줄 모르면 슬그머니 다가가 사탕 한 알 쥐어 주며 이런저런 말을 걸어 아이를 활짝 웃게 만들 수 있는 것도 하나의 유쾌하고 선한 연대이다. 꼭 무슨 조직을 만들거나 깃발을 높이 들어 외치는 게 능사가 아니다. 많지는 않지만 연금의 10퍼센트를 덜어 함께 모아 힘든 사람 도와주는 것도 우리가 할 수 있는 일이다. 둘러보면 할 수 있는 선한 연대는 생각보다 많다. 이제 그걸 찾아 하나씩 실천해 볼 수 있는 여유로운 나이가 되었다. 작은 물방울이 모여 개울을 만들면 된다. 그다음은 개울이 모여 알아서 강물을 만들 것이다. 우리는 그런 작은 물방울이다. 혼자로는 보잘것없고 힘도 없지만 모이면 작은 개울은 만들 수 있다. 거기까지만 해도 족하다. 이제 그런 목록을 작성해 보자.

> 선한 연대는 거창한 게 아니다. 주변을 둘러보며 할 수 있는 좋은 일을 찾고 함께 힘을 합치면 된다. 유연한 사고로 세상을 보면서, 한탄이나 아쉬움을 토하기보다 '더불어 행복할 수 있는' 일 하나 찾으면 일단 그것으로 족하다. 나머지는 그다음 일이다.

에필로그

진정한 어른이란 무엇인가?

이제는 별로 쓰이지 않지만 얼마 전까지만 해도 '3D 업종'이라는 게 있었다. '3D'는 'Dirty, Difficult, Dangerous'의 약자로, '3D 업종'이란 '더럽고, 어렵고, 위험한 업종'을 이르는 말이다. 주로 현장 생산직, 일용 노동직, 청소업 등의 일로 1988년 이후 이 업종을 기피하는 경향이 두드러지면서 나타났다. 국내에서는 아무도 종사하려고 하지 않아 노동 인력에서 외국인 노동자들의 비중이 높아지게 된 계기가 바로 이 업종이었다. 이후 '3D'가 다시 친숙해진 건 3차원 도면 데이터를 이용하여 입체적인 물품을 생성하는 '3D 프린터'쯤 될 것이다. 처음에는 항공이나 자동차와 같은 제조업 분야에서 주로 활용되었지만, 최근에는 의료, 건설, 소매, 식품, 의류 산업에 이르기까지 거의 전

방위적으로 확장되고 있다. 나는 이제 우리 나이 든 세대도 3D로 재무장해 보자고 제안한다. 바로 'Dynamic, Digital, Developing'이 그것이다. 통념과 정반대의 기치라서 어색하거나 당혹스러움을 느낄지 모르나 오히려 그래서 더 필요하다.

첫 번째로 언급한 '역동성^{Dynamic}'이라는 건 분명 젊음의 자산이다. 신체적으로나 업무적으로나 역동성을 극대화하는 시기는 바로 그때이다. 그러나 역동성이 꼭 신체적이거나 물리적인 데에서만 해당하는 것은 아니다. 나이 든 세대의 역동성은 정신적인 부분이나 정서적인 부분에서 발현될 수 있다. 뇌도 퇴화한다. 갈수록 건망증은 심해지고 치매 초기 증세를 함축하는 여러 징후들이 나타난다. 그러나 다른 신체의 퇴화에 비하면 뇌는 근육의 움직임이 아닌 까닭에 퇴화 속도가 상대적으로 더딜 수 있으며 때론 더 성숙해질 수 있다. 역동성이 반드시 강력한 운동성을 의미하는 것은 아니다.

젊었을 때는 보다 많은 지식과 정보를 습득하고 저장하며 활용하는 게 중요하기 때문에 짧은 시간에 최대한 채우려 노력한다. 그러나 나이 들어서는 그런 목적성은 자연스럽게 내려놓게 되면서 지식과 정보가 '사유'로 숙성되는 과정으로 변모한다. 지혜는 나이 든다고 그냥 생기는 게 아니다. 지혜는 지식을 재료로 하여 사유의 과정을 거치며 실천을 통해 얻어진다. 사유는 겉으로 드러나지는 않지만 내부에서는 치열하게 일어나는 역동적 활동이다. 정말 지혜로운 어른이 되기 위해서는 사유의 역동성에 충실해야 한다. 사유하지 않는 어른은 과거에서 벗어날 수 없다. 그게 개인적인 차원이라면 무시할 수 있지만, 사회 구성원으로서 그리고 특별히 유권자라는 점에서 걸림돌이 될 수밖에 없다. 본인은 전적으로 주체적 판단이라 우길지 모르지만, 지식을 탐색하고 그것을 사유하지 않으면 고정 관념과 편견에 점점 더 빠져들 수밖에 없으며 급기야는 확증 편향에 빠져 백약이 무효인 상태가 된다.

독서와 사유는 나이 든 세대의 역동성을 발현할 수 있는 좋은 모습이다. 그게 내면의 문제라서 겉으로 볼 수 없기는 하지만 꼭 그런 것도 아니다. 공원을 산책하다 벤치에 쉬면서 책을 읽고 음미하면서 사유하는 것은 공원을 찾은 다른 사람들에게 멋진 본보기가 될 수 있다. 그것만으로도 외적 역동성이 될 수 있다. 그리고 사유가 꼭 독서를 전제하는 것도 아니다.

나이 들면서 나타나는 현상이 금세 까먹는 일이다. 나는 그걸 일상으로 겪는다. 안방이나 거실에서 뭔가 필요해서 주방으로 가다가 정작 무엇 때문인지 기억나지 않는 경우가 한두 번이 아니다. 그리고 예전과 달리 멀티태스킹이 불가능해지고 있다. 한 번에 두 가지 이상의 일을 수행하면 반드시 꼬인다. 예전에는 서너 가지 일도 한꺼번에 했는데 말이다. 개인적으로는 서로 다른 분야의 책이나 논문을 한꺼번에 두세 개 진행하는 일이 다반사였지만 이젠 하나에 몰두하기도 버겁다. 가는 시간 잡을 수 없고, 오는 노화 막을 수 없다. 이젠 바쁘게 한꺼번에 하지 말고 천천히 하나씩 하면 되는 나이가 되었다고 생각하면 될 듯하다. 그리고 망각의 속도는 기록으로 상쇄하면 된다. 뭔가를 깊이 사유하고 영감을 얻어 머릿속이 번뜩였는데 불과 1분도 지나지 않아 그 내용이 떠오르지 않고 심지어 실마리조차 찾지 못하는 일이 비일비재하다. 그래서 이제는 생각이 떠오르는 즉시 적는다. 종이와 펜이 없으면 휴대 전화 메모에 입력한다. 일단 그 '근거'만 확보되면 그 내용을 상기하기 쉽고, 기록하면서 '뇌에 새겨진' 기억이 강화 작용을 하면서 사유와 영감의 심도도 깊어진다. '적자생존'은 다윈의 진화론에서만 해당되는 게 아니라 '적자(적는 자)가 살아남는다.'라는 의미로 변용될 수 있다.

두 번째로 언급한 '디지털Digital'은 조금도 어색하지 않다. 이미 우리가 많은 디지털 기기를 사용하고 있으며 다양한 혜택을 누리고 있으니 낯설거나 어색한 게 전혀 없다. 그러나 우리는 여전히 '기기'라는 측면 위주로 디지털을 생각하고 있는 듯하다. '기계의 시대'인 20세기에 태어나 배우고 자랐으니 그게 자연스러운 결과이기는 하겠지만, 정작 디지털 사회와 문화의 핵심이 탈 기계적인 사고 체계라는 점은 무시하거나 그에 대해 무지한 듯하다. 나 역시 마찬가지이다. 디지털 기기에 대해서는 친근하지만 정작 디지털 사고방식에 대해서는 낯설고 부족하다. 기계 메커니즘을 배우고 익히는 데에는 상당한 훈련이 필요하다. 그래서 경험과 지식이 많은 사람이 대우를 받았다. 그러나 디지털 기기의 메커니즘은 배우기 어렵지 않다. 운용 방식만 제대로 숙지하면 된다. 그런데 디지털 마인드가 장착되지 않으니 사고는 여전히 아날로그 수준에 머문다.

이미 백남준은 1960년대 초에 디지털 마인드가 어떤 것인지 보여 주었다. 그의 운명을 바꾼 것은 독일 유학 중 존 케이지와의 만남이었다. 우연성과 해체를 바탕으로 세계를 재해석한 케이지의 철학은 '랜덤' 즉 정해지지 않고 무작위적이되 그 접촉에서 생기는 무한한 가능성과 창조성의 실현을 백남준에게 인도했다. 1963년 프랑크푸르트에서의 첫 전시회에서 백남준은 관객이 직접 테이프 헤드를 움직이게 함으로써 생성되는 소리를 '경험'하게 했다. 관객의 '개입'은 당시로서는 파격적인 것이었다. 그러나 그 시도야말로 가장 디지털적인 것이 아닐 수 없다. 정해진 움직임에 따라 작동하는 선형적 처리가 아니라 비선형적으로 작동한다는 것이 작가의 배제처럼 보일지 모르지만, 그것은 이전에 없던 작가와 관객의 공동의 창조가 어떻게 예술이 될 수 있는지를 실증적인 동시에 예언적으로 보여 주었다. 그것은 예술가에 의해 완성되는 것이 아니라 불완전한 형태로 제시되지만 열린 구조 속에서 완전히 새로운 맥락으로 생성되는 것이다. 그런 열린 사고가 백남준에게 현대 미술의 거장이라는 훈장을 달아 준 것이다. 백남준은 TV라는 기계적 기기의 시대에 그 틀에 갇히지 않고 그것을 뛰어넘는 무한한 '접속'의 가능성을 직관적으로 파악했다. 그것이야말로 디지털 마인드의 효시와도 같은 것이다.

그러므로 우리에게 필요한 디지털적 사고는 지금까지 내가 축적한 지식과 정보 그리고 지위에 대한 미련을 조금도 남겨 두지 않고, 완전히 새로운 방식의 전개를 두려워하기보다 호기심을 갖고 그 운영 체계의 핵심을 파악하는 능력을 키우는 것이다. 이미 우리가 살고 있는 디지털 세상은 모든 것을 알고리즘으로 파악하고 그 분류에 따라 우리가 움직이게 만들며 다양한 방식으로 코드화하고 무한한 방식으로 연결한다. 2016년 다보스 포럼에서 클라우스 슈밥 의장이 제4차 산업 혁명을 선언하며 그 핵심 개념을 '초연결성'과 '초지성'으로 규정했던 것과 정확히 일맥상통한다.

하버드 출신의 거물 경영컨설턴트인 램 차란과 게리 윌리건은 《컴피티션 시프트》[18]에서 전통적 기업들이 디지털 시대 경쟁 우위를 갖고자 할 때 필요한 수칙을 제시하면서, 무한히 성장할 수 있는 시장의 가능성을 상상하고 그 안에서 고객들의 개인화된 소비자 행동을 끌어내야 한다고 주장한다. 그리고 디지털 플랫폼, 알고리즘, 데이터 등을 비즈니스에 적극적으로 활용해야 한다고 조언한다. 실제로

---

18 《컴피티션 시프트》, 램 차란·게리 윌리건 지음, 이은경 옮김, 비전코리아, 2021.

그런 것을 실천하는 기업들이 성공했다. 흔히 'FAANG'이라 불리는 페이스북·애플·아마존·넷플릭스·구글 등 디지털 기업들이 전 세계를 무대로 덩치를 키우며 전통적 기업들의 영역까지 접수하고 있는 것은 이러한 환경에 빠르게 대처한 덕분이다. 이들은 꾸준한 혁신으로 소비자의 환심을 사며 최종적으로 선택을 받는 능력과 주주 가치를 제고하는 능력을 키우며 디지털 시대 경쟁에서 우위를 획득했다. 특히 코로나19 사태에 맞춰 소비자 행동, 공급망, 근무 환경 변화에 빠르게 적응하며 수익을 더 많이 창출했다. 이들 디지털 기업은 기계 제조업을 중심으로 한 20세기적 흐름에서 완전히 탈피했기 때문에 성공할 수 있었다. 기업 생태계뿐 아니라 거의 모든 다양한 생태계가 디지털화하고 있다. 나이 든 세대가 디지털에서 낙오되지 않아야 하는 건 그걸로 딱히 뭘 할 게 있어서가 아니라, 앞으로 꽤 남은 삶도 그 큰 흐름에서 벗어나지 않을 뿐 아니라 갈수록 더 강화되기 때문에, 능동적으로 살기 위해서는 이를 반드시 갖춰야 하기 때문이다. 이 책에서 특히 나의 관심을 끌었던 주제는, 전통적인 기업들도 이러한 성과를 따라잡으려면 디지털 전환이 필수적인데 이미 차이가 현격한 것처럼 보여서 절망하고 포기할지 모르지만 충분히 따라잡을 수 있다고, 디지털 환경에서는 그것이 가능하다고 확신하고 있다는 점이다. 두 저자가 말하는 '시프트(전환)'의 가능성을 위해서는 디지털 시대 기업을 이끌기 적합한 리더를 찾아서 기용해야 한다는 충고는 개인에게도 그대로 적용될 수 있다. '나'를 이끌 '새로운 리더'로서의 내가 디지털 낙오자가 될 수는 없다.

마지막 언급한 '발전^{Developing}'은 변화를 두려워하지 않는 것이다. 바로 앞에 다뤘던 '디지털'과도 연결될 수 있는데 어른 세대는 발전이 종결된, '탈선한 열차'가 아니라 계속해서 주행하는 열차이다. 왜 퇴직하면 더 이상 발전할 필요가 없거나 발전할 여지가 없다고 여길까? 오히려 재직 중에는 변화하는 게 어렵다. 계속해서 주행선을 유지해야 하기 때문이다. 직급은 올라가고 능력 또한 상승하겠지만 그것만이 발전은 아니다. 오히려 발전은 과거의 나를 벗어나 새로운 나로 꾸준히 진입하고 더 나은 나를 시도하는 데에서 나온다. 내 '동네'의 울타리에 갇혀 우물 안 개구리 신세를 벗어나지 못하면서 마치 대단한 통찰력을 갖고 있는 듯 착각하는 습속을 버리고, 최소한 동아시아의 국제 관계쯤은 역사를 비롯해 정치·경제·문화 등을 큰 틀에서 조망할 수 있어야 하고, 더 나아가 지구촌의 관계성 속에서 세계 속의 대한민국의 관계와 위상을 고려하여 사안을 판단할 수 있는 안목을 길러야 한다. 그걸 갖춘 어른은 끊임없이 관찰하고 공부하며 숙고한다. 그게 발전하는 어른의 모습이다.

나이 든 세대의 여행은 효도 관광이 아니라 세상을 온몸으로 느끼고 생각하고 관찰할 수 있는 기회여야 한다. 그냥 눈으로 훑어보고 명소에서 사진을 찍어 증거로 남기며 유명한 음식 먹어 보는 순례의 관광 여행이 아니라 현장에서만 비로소 느낄 수 있는 사유와 변화를 먼저 갖춰야 한다. 그게 발전하는 어른의 모습이다. 청년 시절 한 친구의 아버지는 아주 완고하고 편협한 사고의 소유자였다. 전형적인 가부장적 권위주의자였다. 그분은 여행자유화가 시행되기 전에 미국을 다녀오셨다. 미국으로 이민 간 딸의 초대로 한 달 정도 여행하러 다녀오셨는데 귀국하자마자 던진 첫마디가 모두를 경악시켰다. "이제부터 식탁에서 이야기를 하지 않으면 밥 먹을 자격이 없다." 밥 먹을 때는 어떤 말도 하지 못하게 하셨던 분이었으니 가족들의 경악을 짐작할 만하다. 그 이후로 당신은 모든 권위를 벗어던지고 여성 친화적이며 진보적인 정치관으로 표변하여 주변을 놀라게 했다. 어느 날 친구 집에서 뵐 때 도대체 미국에서 어떤 일이 있었느냐고 여쭤보았다.

"다른 세상이더라. 경제적으로 잘사는 거야 당연한 거지만 삶의 양식 모두가 달라. 우리가 걔네보다 나은 게 뭐지 싶더구나. 전통 운운하면서 정작 구한말 식의 사고방식에서 벗어나지 못하고 있으면서 알량한 권위 따위나 들먹여서 사회를 망가뜨린 것뿐이라는 걸 뼈저리게 느꼈다. 나는 못 누렸지만 내 자식들까지 그 업보를 치르게 하며 살게 하고 싶지는 않았다. 아내에게도 그동안 섭섭하게 한 게 미안해서 이제는 집안일 돕는 데 팔 걷었지. 왜 남의 나라에 가서야 비로소 내 처지를 알게 되었는지 부끄럽더구나."

그분의 미국 여행은 단순히 낯선 나라를 방문하고 관광한 게 아니라 새로운 시선과 생각으로 전환하게 한 모티프였다. 우리는 그분의 변화에 당혹하기도 했지만, 더 친근하게 느껴지고 존경하게 되었다. 당신께서도 그 변화를 즐거워하셨다. 그게 바로 발전이고 진화의 전형적인 사례가 될 것이다. 여행으로 바뀔 수도 있고, 독서로 새로운 생각을 얻을 수 있으며, 젊은이들과 만나고 교감하면서 신선한 문화를 습득할 수도 있다. 끊임없이 변화하려는 시도 자체가 발전과 진화의 핵심이다. 그게 뭐가 어려운가? 마음먹기에 달렸다.

관용과 절제를 발현하는 나잇값을 해야 어른 노릇을 할 수 있다. 왜 어른이 없냐고 한탄하기 전에 내가 나잇값 하는 어른인가를 먼저 물어야 한다. 그 시작은 이청득심(以聽得心), 귀를 열고 들어 줌으로써 마음을 얻는 것이다. 그것부터 변화의 시작으로 삼으면 되겠다. '3D 시니어'로 어른에 대한 고루함, 편벽함, 고집스러움, 수구적인 사고 등의 고정 관념을 깨뜨리고 든든한 선배, 좋은 어른, 따뜻한 보호막 등의 역할을 수행할 수 있으면 한 뼘이라도 좋은 세상이 될 듯하다. 나도 좋고 후배들에게도 좋지 아니한가! 끊임없이 변화하며 나아가야 한다.

말보다 행동으로, 훈계보다 배려로 보여 주는 품위 있는 삶의 태도
괜찮은 어른이 된다는 것

초판 1쇄 발행 2025년 10월 30일

글쓴이 김경집
펴낸이 민혜영
펴낸곳 오아시스
주소 서울특별시 마포구 월드컵북로14길 56, 3~5층
전화 02-303-5580 | **팩스** 02-2179-8768
홈페이지 www.cassiopeiabook.com | **전자우편** editor@cassiopeiabook.com
출판등록 2012년 12월 27일 제2014-000277호

ⓒ김경집, 2025
ISBN 979-11-6827-349-8 03120

이 책은 저작권법에 따라 보호받는 저작물이므로 무단 전재와 무단 복제를 금지하며, 이 책의 전부 또는 일부를 이용하려면 반드시 저작권자와 (주)카시오페아 출판사의 서면 동의를 받아야 합니다.

- 오아시스는 (주)카시오페아 출판사의 인문 교양 브랜드입니다.
- 잘못된 책은 구입하신 곳에서 바꿔 드립니다.
- 책값은 뒤표지에 있습니다.